LA SIMPLE
VERITE
OPPOSEE
A
LA FAVSSE
IDEE
DV
IANSENISME

A PARIS,

Du dernier Mars, 1664.

LA SIMPLE VERITÉ.

Oppofée à la fauffe *Idée du Ianfenifme*.

Q UOY qu'il y euft plufieurs raifons de croire que le P. Ferrier Iefuite eftoit auteur de l'Imprimé qui porte pour tiltre *l'Idée du Ianfenifme*, on auoit neantmoins de la peine à fe le perfuader, en confiderant le defordre de cét efcrit, iufqu'à ce qu'il l'a auoüé luy-mefme dans vne Relation qu'il a publiée fous fon nom, dans laquelle il a fait encore imprimer cette *Idée*, qui eft la partie principale, & comme l'ame de tout l'Ouurage; où il ne fait que redire prefque les mefmes chofes, en ce qui touche la queftion de Ianfenius. Mais il s'eft beaucoup trompé dans fes mefures : car au lieu de faire *l'Idée veritable du Ianfenifme*, il a fait fans y penfer, *l'Idée veritable du Molinifme*, dont il reprefente parfaitement l'efprit, qui ne confifte que dans vne grande auerfion contre la doctrine de S. Auguftin, & contre ceux qui la fouftiennent, iointe à vne grande foibleffe, qui n'eft capable de produire que des déguifements, des équiuoques & des pointilles d'efcholier, au lieu des raifons de Theologien & d'honnefte homme. On peut dire qu'il a furpaffé tous les Moliniftes dans l'excez qu'il a commis contre la doctrine de S. Auguftin, par vne comparaifon heretique; auffi bien que dans l'outrage qu'il fait à fes Difciples, en les priuant de la Communion de l'Eglife, & dans la baffeffe des argumens & des fophifmes auec lefquels il les attaque, comme on le verra clairement par les refponfes.

Le feul tiltre *d'Idée veritable du Ianfenifme*, fuffit pour faire voir fon égarement, & la fauffeté de toute fa piece; eftant impoffible que l'idée de ce qui n'eft pas, ne foit pas fauffe; & eftant manifefte qu'il n'eft pas poffible qu'il y ait de Ianfenifme au monde, que dans l'efprit des Moliniftes, & que Ianfenius ait des difciples; puifqu'il fait profeffion de n'enfeigner rien, & de rapporter fimplement ce que S. Auguftin a enfeigné fur la matiere de la Grace & du libre-Arbitre, fans vouloir eftre que fon interprete. De forte que fi l'on pouuoit monftrer clairement quelque chofe dans toute la doctrine de fon Liure qui fuft de luy, & non de S· Auguftin, il feroit abandonné de tous, & condamné par fon propre iugement. Molina au contraire, fe vante de publier vne doctrine qui n'auoit pas efté connuë deuant luy, ny de S. Auguftin, ny des autres Peres, ny des Theologiens des fiecles fuiuans : & les Iefuites mefmes reconnoiffent qu'il en eft auteur, que ce font les productions de fon efprit & les nouuelles inuentions de Molina : *Hefterna Ludouici*

Hæc noftra ratio conciliandi libertatem arbitrii cũ diuina præ-

A

deftinatio-
ne, à nemi-
ne quem vi-
derim, huc
vfque tra-
dita.
Molina in
concordia-
queft. 15.
art. 4.
Ioan, Ma-
rian. de
morbi.foc.
cap 4.
Petra fan-
Eta lib 3. c.
5, vita Bel-
larmini.

Molina commenta. C'eſt donc luy veritablement qui s'eſt declaré chef d'vn party, qu'on peut nommer iuſtement *le Moliniſme*, & ceux qui le ſuiuent, comme preſque tous les Ieſuites, *Moliniſtes*, c'eſt à dire diſciples de Molina & Secateurs de ſes nouueautez; puiſqu'ils le ſuiuent dans vne nouuelle doctrine qu'il ſe glorifie d'auoir inuentée, & dans le meſme eſprit auec lequel il l'a inuentée, qui eſt l'eſprit d'éloignement des ſaints Peres & de Tradition ancienne, pour s'attacher à la raiſon & au ſens humain, qui ne meine pas ſeulement aux erreurs de l'entendement mais auſſi à celles de la conduite & de la vie.

C'eſt en cette maniere que le P. Ferrier entreprend de combatre les Diſciples de S. Auguſtin, en ne leur oppoſant que de petites ſubtilitez, qui teſmoignent peu d'intelligence dans l'ancienne doctrine de l'Egliſe, & peu de vigueur dans la lumiere naturelle, & dans la dialectique meſme: Et il ſemble que comme la cauſe des Moliniſtes ne ſubſiſtoit plus que par les intrigues du monde, il a voulu taſcher de l'appuyer par celles de l'Eſchole, pour faire croire qu'elle n'eſt pas ſi déraiſonnable qu'on penſe, & qu'il eſt aſſez habile, pour transformer vne queſtion de fait en queſtion deFoy, & pour prouuer qu'on peut eſtre heretique, & digne de toutes les peines des heretiques, ſans auoir d'autre Foy que celle de l'Egliſe. C'eſt le deſſein de ſon *Idée*, laquelle i'ay creu deuoir refuter mot pour mot; afin qu'il puiſſe reconnoiſtre que les eſpines de ſa Scholaſtique ne luy ſont pas plus auantageuſes, que les veritez & les lumieres de la Theologie ancienne & Eccleſiaſtique; qu'il trauaille inutilement à chercher les hereſies des autres par les ſiennes; & que l'amour de la verité ſolide ne haït pas ſeulement les fauſſes ſubtilitez, & les foibleſſes de l'art ſophiſtique, mais auſſi qu'elle les connoiſt aſſez pour s'en deffendre.

Premiere Propoſition du P. Ferrier.

Le poinct capital qui eſt en conteſtation entre les Catholiques & les Ianſeniſtes conſiſte à ſçauoir, ſi la doctrine que Ianſenius Eueſque d'Ipre eſtablit dans ſon Liure intitulé Auguſtinus, ſur le ſujet des cinq Propoſitions, eſt Catholique ou Heretique.

Reſponſe, diuiſée en deux parties.

Premiere Partie.

Que la premiere Propoſition du P. Ferrier eſt fauſſe, & broüille l'eſtat de la queſtion, Qu'il y en a deux tres-differentes, dont il eſtouffe la principale; & que leur ſeule diſtinction ſuffit pour deſtruire toute ſon *Idée*.

Le P. Ferrier auant que de produire sa premiere Proposition, reproche à ceux qu'il veut combattre, d'auoir fait des escrits *où ils ne disent pas vn seul mot du poinct capital qui est en question*. Il auroit mieux fait de le prouuer, que de se contenter de le dire, & de s'imaginer que pour-ueu quil opposast seulement à *leurs quinze Propositions*, dont il parle, les dix-huict de son *Idée*; on croiroit qu'il les auroit surmontées, aussi aisément par la verité, que par le nombre. Ie n'ay garde d'agir de la sorte auec luy; ie le veux traitter plus honnestement, & luy oster tout sujet de se plaindre de la sincerité & de la franchise que ie luy témoigne-ray tousiours, n'y ayant rien de plus propre pour dissiper les finesses & les artifices de son *Idée*. Ie ne dis pas seulement que la premiere de ses Propositions, qui est le fondement des autres & de toute son *Idée*, est fausse; mais ie dis qu'elle ne contient pas vn seul mot de la question capitale, & qu'il la cache & la supprime, & en suppose vne autre à sa place, pour surprendre ceux qui n'ont pas assez d'intelligence dans cette matiere.

Ie ne parleray point icy de l'iniure atroce auec laquelle il commence, en separant ses aduersaires, qu'il appelle Iansenistes, des Catholiques, comme s'ils ne l'estoient pas, & qu'il eust le pouuoir de les declarer Heretiques, & de les chasser de l'Eglise par son audace, qui le rend digne d'en estre chassé luy-mesme. Cette impudence maligne, qui est plus injurieuse aux Euesques, & à toute l'Eglise, qu'à ceux qu'il outrage si indignement, sera confonduë plus amplement en son lieu; ie diray seulement icy, qu'elle est si contraire au commun sentiment des Fidelles, des plus sages, & des plus honnestes gens, qu'il y en a peut-estre dauantage qui aimeroient mieux estre Catholiques, comme ceux qu'il appelle Iansenistes, que comme les Iesuites & Molinistes, & sur tout à l'article de la mort.

Ie dis donc que la fausseté de la premiere Proposition du P. Ferrier se prouue aisément, parce qu'il dissimule la question principale qu'il a auec ses aduersaires, & en suppose vne autre, à qui il donne ce nom, quoy qu'il ne luy puisse appartenir. Car il y a deux questions entre eux: la premiere est de sçauoir si deux qu'il accuse d'heresie en ont veritable-ment vne: & la seconde, s'il y en a dans le Liure de Iansenius,. Ces questions sont tres-differentes, estant clair que les Theologiens qu'il attaque pourroient auoir des heresies, sans qu'il y en eust dans le Liure de Iansenius; & qu'il pourroit y en auoir dans le Liure de Iansenius, sans qu'il y en eust dans ces Theologiens.

Il est clair que de ces deux questions, la premiere est la principale; parce qu'il s'agit proprement de sçauoir s'il y a vne nouuelle heresie en France, & si ceux à qui les Iesuites donnent le nom de Iansenistes, en sont coupables. C'est pour cela que les Molinistes font tant de bruit dans le monde, croyant que le temps leur est fauorable. C'est le suiet principal de l'escrit du P. Ferrier, comme il paroist par le tiltre d'*Idée du Iansenisme*, qui témoigne qu'il a pour but de prouuer qu'il y a dans la France vn *Ianfenifme*, c'eſt à dire vne Secte de gens qui fouſtiennent les erreurs pretenduës du Liure de Ianfenius ; & que cette Secte eſt tellement répanduë, & a fait de fi grands progrez, qu'il eſt neceſſaire que le Roy employe ſon autorité, pour l'arracher de ſon Royaume par vne Declaration tres-rigoureuſe. Voila proprement le deſſein & la fin de *l'Idée du Ianfenifme* du P. Ferrier. Il veut monſtrer qu'il n'y a pas ſeulement des erreurs dans Ianfenius, mais qu'il y a des heretiques qui les tiennent, & qui font vn party pour les deffendre, appelant ce party *Ianfenifme*, duquel il a entrepris de faire l'idée & l'image la plus noire qu'il luy eſt poſſible, pour en donner horreur à tout le monde.

La principale queſtion eſt donc de ſçauoir s'il y a vn *Ianfenifme*, en France, & fi l'Idée que le P. Ferrier en fait eſt veritable. Le Liure de Ianfenius ne luy ſert que comme d'vn moyen pour eſtablir ce Ianfenifme, n'ayant point d'autres preuues pour fouſtenir la fauſſe Idée qu'il en a, que celles qu'il penſe auoir trouuées dans la doctrine de ce Liure. Il paroiſt aſſez par là que la queſtion du Liure de Ianfenius, ou de la doctrine de Ianfenius, ne peut pas eſtre la principale ; puiſqu'elle ſe rapporte à vne autre comme à ſa fin ; le P. Ferrier n'alleguant le Liure de Ianfenius, que pour pouuoir conclure qu'il y a des Ianfeniſtes, & vn Ianfenifme, auquel il faut declarer la guerre, appelant à ſon ſecours la puiſſance du Roy, qui eſt ſans doute plus redoutable que celle de ſa plume.

Mais il eſt aiſé de faire voir que la queſtion du Liure de Ianfenius ou de la doctrine de Ianfenius, non ſeulement n'eſt pas la principale entre le P. Ferrier & ſes aduerſaires ; mais qu'elle n'eſt pas meſme vn moyen propre pour decider leur principal different, & qu'elle eſt entierement hors de propos. Car quelque hereſie qu'on puiſſe pretendre qu'il y ait dans le Liure de Ianfenius, fi ceux à qui on l'impute ne la tiennent pas, ils ne ſont point heretiques, & il n'y a point d'hereſie en France, ny de Ianfenifme, qui ait beſoin d'eſtre arreſté par vne Declaration du Roy : & c'eſt abuſer de l'autorité de ſa Maieſté que de luy vouloir faire perſecuter ſes ſubiets innocens, & donner vne fauſſe alarme à ſon Royaume. Il ne s'agit donc pas de ſçauoir quelle eſt la doctrine du Liure de Ianfenius, puiſque quand elle ſeroit telle que le P. Ferrier la fait, il s'enſuiroit bien qu'il y a vne doctrine heretique de Ianfenius ; mais il ne s'enſuiroit pas qu'il y a *vn Ianfenifme* ; c'eſt à dire vne Secte de gens qui fouſtiennent la doctrine heretique de Ianfenius, & qui doiuent eſtre punis comme heretiques par vne Declaration du Roy. Et ainfi *l'Idée du Ianfenifme*, ne laiſſeroit pas d'eſtre fauſſe, & baſtie ſur vn fondement imaginaire.

Cela monſtre clairement que la queſtion du Liure de Ianfenius eſt entierement inutile, & éloignée de la queſtion principale, & de l'Idé du P. Ferrier, & que pour ſçauoir s'il y a vne hereſie en France & vn Ianfenifme, il faut voir, non ce que dit le Liure de Ianfenius, mais ce que diſent ceux qui ſont accuſez de cette hereſie, & deſcriez comme heretiques & Ianfeniſtes;

feniftes ; puifque c'eft par leurs fentimens qu'on doit iuger s'ils font heretiques ou Catholiques, & non par ceux du Liure de Ianfenius, duquel auffi on ne parleroit point du tout, fi on n'y eftoit contraint par l'opiniaftreté des Iefuites.

Auffi le P. Ferrier fe peut fouuenir que dans les conferences qu'on a euës auec luy, on a commencé par l'expofition de la doctrine de ces Theologiens, qui ne fe croyoient obligez de iuftifier que leur Foy, & non celle de Ianfenius ; fçachans qu'apres qu'ils auroient expofé la verité de leur doctrine, on ne pourroit plus les foupçonner d'herefie, fous vne impofture toute euidente ; ny refufer de les reconnoiftre pour Catholiques ; & qu'ainfi l'accommodement pourroit eftre bien-toft fait, fans que la confiperation du Liure de Ianfenius le peuft empefcher, leur Foy ne dependant point de ce Liure.

Or ces Theologiens ont expofé leurs fentimens dans les articles qu'ils ont enuoyez au Pape ; & fa Sainteté a declaré par fon dernier Bref, qu'ils contenoient vne doctrine faine & orthodoxe. On ne peut donc pas les foupçonner d'auoir de mauuais fentimens, fans condamner le Pape, qui n'a trouué rien de dangereux, ny d'ambigu ; ny d'obfcur dans leurs articles ; quoy que ces Theologiens les euffent foûmis à fon iugement, en luy promettant d'expliquer ou de corriger ce qu'il y troueroit à redire, & de fe foûmettre à tout ce qu'il leur ordonneroit, pour luy témoigner la pureté & la fincerité de leur foy. Les Euefques, & les plus habiles Theologiens qui ont veu ces articles, en ont porté le mefme iugement que le Pape, auoüant qu'il n'y auoit rien qui ne fuft orthodoxe ; Et Monfieur de Comenge l'a tefmoigné expreffement au Roy, lors qu'il a eu l'honneur de prefenter à fa Majefté la declaration de ces Theologiens. qui fe rapportoit entierement à la doctrine de ces articles, lefquels il eft conftant que l'Affemblée de quinze Euefques du 2. d'Octobre dernier n'a pas examinez, ny mefme leus, & qu'ainfi elle n'a pû iuger legitimement de la Declaration prefentée au Roy par Monfieur l'Euefque de Comenge.

Le Pere Ferrier mefme ne marqua aucune herefie dans ces articles, lors qu'ils luy furent communiquez, & on le fatisfit aifément fur quelque difficulté qu'il propofa, confeffant qu'encore qu'ils ne fuffent pas conformes aux maximes de fa Compagnie, il n'y auoit neantmoins rien qui fut contraire à la doctrine de l'Eglife. C'eft pourquoy il confentit, auec le P. Annat, qu'ils fuffent prefentez au Pape, & ils fe chargerent de les luy adreffer eux mefmes. Ce que le refpect qu'ils deuoient à fa Sainteté ne leur euft pas permis de faire, s'ils y euffent remarqué quelque herefie, & s'ils euffent crû que le principal y manquoit, fçauoir la condamnation du fens de Ianfenius, fans lequel ils ne peuuent eftre Catholiques, comme le P. Ferrier l'ofe dire à prefent, parce qu'il a changé d'aduis, ou pour le moins, de deffein, & qu'il veut faire condamner d'herefie, & traitter en heretiques ceux dans

B

les fentimens defquels il ne voyoit alors aucune herefie.

La doctrine de ces Theologiens ayant donc efté fi clairement & fi folemnellement iuftifiée, on ne peut plus les accufer ny les foupçonner d'herefie, fans témoigner vne iniuftice & vne animofité euidente; quel que puiffe eftre le Liure de Ianfenius; puifque quand il contiendroit en effet les plus grandes herefies, ils en feroient innocens, & il feroit impoffible qu'ils les fuiuiffent, n'ayant que de bons fentimens fur le cinq Propofitions, felon le Pape & felon les Euefques. Il faudroit donc neceffairement qu'ils n'y apperceuffent point ces herefies, & qu'ils entendiffent ce Liure en vn fens Catholique, comme ceux qui deffendent les efcrits de Theodoret, & d'Origene, quoy qu'ils ayent efté condamnez d'impieté & d'herefie par les Papes & par les Conciles, ne font pas heretiques; parce qu'ils ne les prennent pas comme l'Eglife qui les a condamnez, mais il leur donnent vn fens catholique. Ainfi quand ces Theologiens fe tromperoient dans l'interpretation du Liure de Ianfenius, & que leur erreur feroit affeurée, elle ne pourroit point regarder la Foy, mais feulement vn fait qui n'eft point matiere d'herefie. D'où il s'enfuit euidemment qu'ils ne laifferont pas d'eftre Catholiques tres-innocens, & tres-éloignez de toute forte d'herefie, & qu'il feroit toufiours vray qu'il ny a point d'herefie en France, ny de de Ianfenifme, qui ait befoin d'eftre reprimé par vne Declaration du Roy. Et ainfi toute l'Idée du Pere Ferrier, qui ne prouue ce Ianfenifme & cette herefie pretenduë de fes Aduerfaires que par la doctrine du Liure de Ianfenius, ne feroit qu'vne Chimere fondée fur vne fauffe preuue, & fur vne fauffe confequence.

Cela feul fuffiroit pour abbatre & pour confondre cette Idée, & il ne feroit pas neceffaire de paffer à la feconde queftion, qui regarde le le Liure de Ianfenius, apres auoir decouuert l'infidelité de la foibleffe de ce Pere dans la Premiere qui eft la principale; s'il n'eftoit à propos de luy faire la charité toute entiere, en luy monftrant qu'il n'eft pas mieux fondé, ny plus fincere dans la Seconde; & que fa caufe eft infoutenable de quelque fens qu'on la confidere.

Seconde Partie.

De la Refponfe à la premiere Propofition du Pere Ferrier.

Qu'il eft faux que dans la queftion qui regarde le Liure de Ianfenius, le point principal foit de fçauoir fi fa doctrine eft catholique ou heretique; & qu'il ne s'agit que d'vn fait particulier, qui eft de fçauoir qu'elle eft la doctrine de ce Liure.

Eſtant donc euident que la ſeconde queſtion des Ieſuiſtes qui regarde le liure de Ianſenius, ne touche pas la Foy des Diſciples de ſaint Auguſtin, laquelle demeure touſiours inuiolable, quelque ſentiment qu'on ayt de Ianſenius; & qu'ainſi ils n'entrent dans cette queſtion, que pour ſe deffendre d'vne injuſtice qu'on exige d'eux, en voulant qu'ils confeſſent vn fait qu'ils croyent faux. Il n'eſt pas moins euident que cette queſtion de Ianſenius ne conſiſte pas principalement, a ſçauoir ſi la doctrine de ſon Liure eſt catholique ou heretique; & qu'il eſt meſme impoſſible que cela ſoit. Car il eſt manifeſte que pour pouuoir diſputer qu'elle elle eſt, c'eſt à dire, ſi elle eſt bonne ou mauuaiſe; il faut ſçauoir auparauant ce qu'elle eſt; & que ſi on n'eſt pas d'accord de ce qui eſt contenu dans ce Liure, on ne peut pas diſputer raiſonnablement, ſi ce qui y eſt contenu eſt vray ou faux, heretique ou catholique. La queſtion de droit preſuppoſe donc neceſſairement qu'on conuient du fait, & par conſequent, ſi on ne conuient pas du fait, il faut commencer par là, & tâcher de s'en éclaircir, ſans pouoir parler d'autre choſe, iuſqu'à ce que ce point ait eſté conclu & arreſté entre les Parties. Or il eſt certain que les Ieſuites ne ſont pas encore conuenus du fait de Ianſenius auec leurs Aduerſaires ſur le ſujet des cinq Propoſitions, & qu'ils ſont encore diuiſez ſur cet article, les vns ſoutenant qu'il a dit vne choſe, & les autres qu'il en dit vne autre. Il eſt donc indubitable que non ſeulement ils n'ont pas encore diſputé ſi ce qu'il enſeigne ſur la matiere des cinq Propoſitions eſt catholique ou heretique; mais qu'ils ne l'ont peu faire ſans extrauagance, & ſans diſputer en aueugles & en fols: & ie m'eſtonne que le Pere Ferrier ne s'eſt apperçeu qu'il ſe nuit plus à ſoy-meſme qu'à ceux qu'il combat, en ſoutenant le contraire dés la premiere propoſition de ſon Idée. Elle eſt donc oppoſée non ſeulement à la verité, mais auſſi au ſens commun, & à la lumiere naturelle.

Cela eſt ſi euident, qu'il le reconnoiſt luy-meſme dans ſa *Relation*. Car parlant de la maniere dont il croyoit qu'il falloit traitter pour paruenir à l'accommodement, il dit, *Que ſon ſentiment fuſt que puiſqu'il eſtoit queſtion de porter ceux qu'il appelle Ianſeniſtes à condamner comme heretique la doctrine de Ianſenius contenuë dans les cinq Propoſitions, il falloit auant toutes choſes examiner auec eux quel eſtoit le vray ſens de Ianſenius ſur ces Propoſitions: Qu'apres qu'on ſeroit demeuré d'accord de ce point on paſſeroit au ſecond, ſçauoir, ſi ce ſens eſt heretique ou catholique.* Cela euſt eſté tres-raiſonnable, ſi on euſt deu parler que de la queſtion de Ianſenius, pour ſçauoir ſi ſon Liure eſt catholique ou heretique. Mais les Theologiens auec qui il falloit traitter conſiderant qu'il ne s'agiſſoit que de leur doctrine & de leur Foy, & non de celle du Liure de Ianſenius, duquel elle ne dépendoit point, iugerent fort bien qu'il ne falloit pas regarder ce que dit Ianſenius, mais ce qu'ils diſoient eux-meſmes, & ce qu'ils croyoient, pour ſçauoir s'ils eſtoient Catholiques; & qu'apres qu'ils auroient verifié leur Foy, en l'expliquant clairement, comme ils ont fait, on ne pourroit pas refuſer iuſtement de les reconnoiſtre pour orthodoxes, & de s'vnir auec eux dans la paix de l'Egliſe, quelque ſentiment qu'ils euſſent du Liure de Ianſenius. La propoſition du Pere Ferrier n'eſtoit donc pas bonne pour procurer l'accommodement qu'on deſiroit, eſtant impoſſible d'y pouuoir paruenir par cette voye, & de conuenir du ſens de Ianſenius; mais elle eſtoit iuſte & indubitable pour le regard de Ianſenius; eſtant manifeſte qu'on ne ſçauroit diſputer ſans impertinence ſi ce qu'il dit eſt heretique ou catholique, qu'on ne ſoit d'accord de ce qu'il dit. Et ainſi ce fait n'eſtant point accordé, & ne l'ayant pû eſtre iuſqu'à cette heure; il faut qu'il ait eſté le ſeul ſujet pour la diſpute touchant le Liure de Ianſenius, & il eſt impoſſible qu'il y en ait eu d'autre ſur cét article.

Auſſi il eſt ſi peu vray que le point principal de la conteſtation entre les Ieſuites & leurs Aduerſaires ait eſté de ſçauoir, ſi la doctrine de Ianſenius ſur la matiere des cinq Propoſitions eſtoit heretique ou catholique; qu'il n'y a eu nulle conteſtation pour cela; les Ieſuites n'ayant peu nier que la doctrine que leurs Aduerſaires attribuoient à Ianſenius ne fuſt ſans erreur; & perſonne n'ayant nié que toutes les opinions que les ennemis de Ianſenins luy ont impoſées iuſques à preſent; quoy que tres differentes, & oppoſées les vnes aux autres, ne fuſſent fauſſes & erronées. Ce qui monſtre euidemment qu'ils eſtoient d'accord ſur le droit; & qu'ainſi ils n'en ont peu diſputer: & que tout leur differend eſtant ſur le fait, il faut qu'il ait eſté le ſujet vnique de leur diſpute.

Seconde Propoſition du P. Ferrier.

Quand on demande ſi la Doctrine de Ianſenius ſur les cinq Propoſitions eſt heretique ou orthodoxe, c'eſt vne vraye queſtion de droit, laquelle preſupoſe vn fait, ſçauoir que Ianſenius eſtablit quelque doctrine dans ſon Auguſtin, touchant ces Propoſitions. De meſme que quand on demande ſi la doctrine de ſaint Auguſtin touchant la Grace & le Libre Arbitre, eſt catholique ou heretique; c'eſt vne queſtion de droit, laquelle preſuppoſe vn fait, ſçauoir que ſaint Auguſtin enſeigne quelque doctrine dans ſes eſcrits touchant la Grace & le Libre Arbitre.

Reſponce

Refponfe.

Le Pere Ferrier femble auoir obfcurcy exprez cette feconde Propofition, pour furprendre les fimples comme dans vn piege : & ceux qui
n'auront peu apperceuoir d'abord ce qu'il veut dire, ny à quoy il
tend feront excufables.

Il y a de la malice & de l'abfurdité toute enfemble dans cette Propofition. L'abfurdité paroift en ce qu'il eft hors de toute forte de raifon de dire que pour difputer fi la doctrine de Ianfenius fur les cinq
Propofitions, eft heretique ou catholique ; il fuffit de fçauoir qu'il a
fait vn Liure qui traitte de cette matiere : comme fi on difoit, que
pour voir fi l'Ouvrage d'vn Auteur eft bon ou mauvais, il fuffit de
fçauoir qu'il a fait vn Ouurage ; ou que pour difputer contre vne
Thefe de Sorbonne ; il ne faut que d'eftre d'accord auec le Refpon-
dant, qu'il y a vne Thefe, ou voir cette Thefe de loin fans la lire,
& fans fçauoir ce qu'elle contient.

La malice de cette Propofition confifte dans l'equiuoque, & dans
l'ambiguité affectée du Pere Ferrier. Car lors qu'on demande fi la
doctrine de Ianfenius eft catholique ou heretique, cette queftion
peut eftre feulement de droit, ou peut eftre feulement de fait. Elle
eft feulement de droit, lors que ceux qui difputent de cette queftion
font d'accord de ce que Ianfenius enfeigne fur la matiere des cinq Propofitions. Car conuenans du fait, ils n'en difputent point, mais feulement du droit ; & toute la queftion ne va qu'à fçauoir fi la doctrine qu'ils reconnoiffent tous dans Ianfenius eft heretique ou catholique. Mais lors qu'on n'eft point d'accord de ce fait, & que les vns
prennent le fens de Ianfenius d'vne maniere, & les autres d'vne autre ; il eft clair que leur queftion eft de fait ; & que jufques à ce quelle foit vuidée, & qu'ils foient conuenus de ce fait ; ils ne peuuent
difputer du droit, s'ils ne veulent crier fans s'entendre l'vn l'autre.

C'eft l'eftat de la queftion qui eft aujourd'huy entre les Iefuites &
leurs Aduerfaires. Car ne conuenans point qu'elle eft la doctrine de
Ianfenius, fur les cinq Propofitions ; ils ne peuuent pas difputer fi elle eft heretique ou catholique ; puis qu'ils la prennent diuerfement ;
& il faut neceffairement que leur queftion ne regarde que le fait,
& qu'ils difputent de ce fait iufques à en demeurer d'accord, auant
de pouuoir difputer du droit ; c'eft à dire qu'ils arreftent d'vn commun confentement qu'elle eft la doctrine de Ianfenius fur les cinq
Propofitions ; pour pouuoir difputer fi elle eft heretique ou catholique
Et ainfi il eft manifefte qu'il ne s'agit entr'eux que d'vn point de fait.
Ce qui eft d'autant plus vray que ceux qui n'auoüent pas le fait du
Liure de Ianfenius, n'ont iamais douté que la doctrine des cinq Pro-

C

pofitions n'euft efté iuftement condamnée d'herefie, & n'ont eu aucun different fur, ce point auec les Moliniftes.

Et pour éclaircir encore dauantage cette verité par l'exemple du P.
Ferrier; il faut adjoufter qu'on peut dire la mefme chofe de ceux qui
demandent fi la doctrine de faint Auguftin fur la Grace eft catholique ou heretique. Car s'ils font d'accord du fait, c'eft à dire du
fens de faint Auguftin, leur queftion eft feulement de droit : parce
qu'il s'agit entre-eux de fçauoir, non ce que faint Auguftin a enfeigné, mais fi ce qu'il a enfeigné eft vray ou faux. Telle eftoit la
conteftation des Semi-Pelagiens auec les Difciples de ce Saint. Car
ils ne nioient pas que la doctrine de faint Auguftin ne fuft celle que
fes Difciples luy attribuoient : mais ils pretendoient qu'elle eftoit fauffe & heretique, comme contenant les erreurs & les impietez qu'ils
en inferoient par leurs mauuaifes confequences, & qu'ils luy impu-
toient, pour le décrier auec fa doctrine; comme font encore aujour-
d'huy les Iefuites, combatans dans les Difciples de ce grand Saint
cette mefme doctrine par les mefmes raifonnements, & par le mefmes
colomnies. Telle eft encore la difpute de Molina & de fes Difciples
contre ce mefme Saint; lors qu'ils ne craignent pas de fouftenir, que
la doctrine qu'ils auoüent que faint Auguftin a veritablement enfei-
gnée dans fes Liures eft fauffe, & contraire à l'Efcriture; & qu'elle
fauorife l'herefie de Caluin; & mefme celle des Pelagiens, comme on
le verra plus bas par leurs propres parolles.

Mais lors que les Moliniftes conteftent la doctrine de faint Auguftin; en difant, non feulement qu'elle eft fauffe & impie, mais auffi
qu'elle n'eft pas de faint Auguftin, & qu'elle ne fe trouue pas dans
fes Liures, expliquant fes parolles comme il leur plaift; il eft clair
qu'àlors la queftion eft double, & qu'elle enferme le droit & le fait
tout enfemble, parce qu'ils nient non feulement que cette doctrine
foit de faint Auguftin, mais auffi qu'elle foit vraye en elle-mefme.
Deforte qu'en ce cas, lors qu'on demande fi la doctrine de faint Auguftin fur la Grace eft heretique ou catholique; ce n'eft pas feulement vne queftion de droit, mais auffi vne queftion de fait; & la
queftion de fait doit eftre agitée la premiere; puis qu'on ne fçauroit
iuger fi la doctrine de faint Auguftin eft heretique ou catholique,
fans arrefter auparauant qu'elle eft cette doctrine. Et ainfi il paroift
que le fait que cette queftion de droit fuppofe, n'eft pas, *que faint
Auguftin enfeigne quelque doctrine fur la Grace & le Liberal-Arbitre,*
comme dit le Pere Ferrier, mais qu'il enfeigne la doctrine particuliere dont on eft en difpute.

Il eft donc manifefte que ce Pere parle de ces chofes auec beaucoup de confufion & d'obfcurité, pour broüiller la matiere, & furprendre les efprits de ceux qui ne peuuent pas appercuoir les tours
de chicanerie, par lefquels il tafche de mefler les points de fait auec

les points de droit, & de les faire passer poür vne mesme chose ; afin
de preparer le chemin à cette heresie, par laquelle il veut conuertir le
fait de Iansenius en Article de Foy , comme il paroistra peu apres.

Il faut remarquer encore icy la finesse hardie, auec laquelle le Pere Ferrier témoigne qu'on peut douter si la doctrine de saint Augustin
sur la Grace & le Libre-Arbitre, est heretique : Car il la compare
auec celle du Liure de Iansenius , & dit qu'on peut demander de
l'vne comme de l'autre , si elle est heretique ou catholique ; comme
s'il estoit permis d'accuser d'heresie saint Augustin, aussi bien que le
Liure de Iansenius. C'est l'esprit du Molinisme, qui paroist assez
dans les Liures , & dans les discours ordinaires des Iesuites, qui ne
voyent pas qu'ils ne sçauroient décrier dauantage leur Theologie, &
la rendre plus insuportable à ceux qui honorent & ayment l'Eglise,
qu'en condamnant impudemment, comme ils font , la doctrine de ce
grand Saint, qu'elle a canonisé & sanctifié tant de fois en vne infinité de manieres, en couurant de confusion & d'anathemes tous ceux
qui ont osé l'attaquer, ou la rendre suspecte de quelque erreur. Ce
qui est encor plus vray depuis que le saint Siege a declaré par la bouche du Pape saint Celestin, qu'il n'en auoit iamais esté soupçonné
parmy les Catholiques , & qu'il auoit esté estimé & reueré de tous,
comme le Maistre de l'Eglise, & particulierement de celle de Rome,
laquelle par ce moyen l'a decharge par auance de toutes les erreurs qu'on
luy voudroit imposer, & en a chargé tous ceux qui prendront part à
cette imposture.

Ce Iugement du saint Siege a esté renouuelé depuis par le Pape
Clement V I I I. lorsque dans le discours qu'il fist à l'ouuerture de la
Congregation *De Auxilijs* , il declara que ses Predecesseurs n'auoient
pas seulement approuué la doctrine de saint Augustin ; *mais qu'ils*
l'auoiént defendüe & soutenüe auec tant de force & de vigueur contre
ceux qui auoient entrepris de la combattre, qu'ils auoient témoigné la
vouloir conseruer à l'Eglise par vn droit hereditaire ,& par vne succes-
sion continuelle ; de laquelle il n'estoit pas iuste qu'il souffrist qu'elle fust
priuée en ce temps. Que comme l'Eglise auoit remporté la victoire contre
les Pelagiens sous la conduite de ce Saint, il falloit le reconnoistre , &
le suiure aujourd'huy comme le guide dans la mesme matiere de la Grace.

rint defensores ac vindices, vt quasi hæreditario iure eam in Ecclesia relinquere volue-
rint : non æquum est, vt patiar illam quasi hâc hæreditate priuari. *Clem. 8 in congrega-*
tione de Auxilijs.

Si teste Beato Prospero, viginti annorum spatio acies Ecclesiæ ita dimicauit pro Gratia contra Pelagianos, vt tandem Augustino duce vicerit ; oportet etiam, vt in causa
simili, eundem Ducem agnoscamus & sequamur. *Ibid.*

Et encor depuis ce témoignage si illustre, le Pape Alexandre VII.
dans le Bref qu'il escriuit à la Faculté de Theologie de Louuain , lequel

Marginal notes:

Cælest. epist.
1. ad Epist.
Gall.

Nec vn-
quam hunc
sinistræ sus-
picionis sal-
tem rumor
aspersit,
quem tantæ
scientiæ
olim fuisse
meminim⁹,
vt inter
Magistros
optimos e-
tiam à meis
semper De-
cessoribus
haberetur.
Bené ergo
de eo omnes
in communi
senserunt,
vtpote qui
vbique om-
nibus &
amori fue-
rit & ho-
nori.
Cũ mul-
ti Ponti-
fices præde-
cessores
nostri do-
ctrinæ san-
cti Augu-
stini tam

Non du-
bitamus
quin Præ-

septiefme d'Aouſt 1660. exhorte les Docteurs de cette Faculté *à ſuiure*
clariſſimo-
rum Eccle- *& à reuerer de tout leur coeur, la doctrine tres- aſſeurée & inébranla-*
ſiæ Catho- *ble de ſaint Auguſtin & de ſaint Thomas ; diſant que l'autorité qu'elle*
licę Do- *a parmy tous les Catholiques , eſt ſi grande , & tellement eſleuée par*
ctorum , *deſſus toutes ſortes de loüanges , qu'elle n'a pas beſoin de nouuelles ap-*
Auguſtini
& Thomæ *probations , ny de nouueaux eloges.* Il eſt donc euident, & entierement in-
Aquinatis, dubitable, qu'on ne ſçauroit imprimer la moindre tache d'erreur à vne
inconcuſſa doctrine ſi ſainte, & ſi reuerée dans tous les ſiecles de l'Egliſe; ſans s'op-
tutiſſimà- poſer aux iugemens & à la Tradition ancienne & nouuelle du Siege
que dog- Apoſtolique, en matiere de Doctrine & de Foy, & par conſequent
mata ſequi
ſemper, vt ſans vne hereſie ; & vn orgueil inexcuſable.

aſſeritis, ac impensé reuererj velitis : quorum profectò Sanctiſſiorumvirorum penes Catholicos
vniuerſos ingentia , & omnem laudem ſupergreſſa nomina , noui Præconij commendatione
plané non egent. *Alexan.VII. in Breui ad Facultatem Theologicam Loua. anno 1660.*

Troiſiéme Propoſition du P. Ferrier.

L'Egliſe a decidé cette queſtion de droit contre Ianſenius &
ſes Diſciples , ayant declaré ſolemnellement par la bouche
de deux Papes , qu'elle condamnoit dans les cinq Propoſi-
tions, la doctrine contenuë dans le Liure de Ianſenius , in-
titulé Auguſtinus , & que les cinq Propoſitions eſtoient he-
retiques , dans le ſens de cét Autheur.

Reſponſe.

La fauſſeté de cette Propoſition eſt maintenant aſſez claire, apres
ce qui a eſté dit contre la precedente ; eſtant impoſſible que le Pape
ait decidé vne queſtion de droit ſur le ſujet des cinq Propoſitions,
contre Ianſenius, ny contre ceux qui n'auoüent pas que les cinq Propoſitions ſoient de luy, puis qu'ils n'ont eu aucune queſtion de droit
auec perſonne ſur cette matiere ; mais ſeulement vne queſtion de fait,
comme il a eſté monſtré euidemment.

Mais le Pere Ferrier taſche de transformer cette queſtion de fait en
queſtion de droit , pour ſanctifier enſuite ce fait, & l'eriger en Article de Foy. Et il decouure plus clairement ſon deſſein dans cette
Propoſition, qu'on peut appeler l'Abregé du Formulaire, ou le Formulaire deſguiſé , & reueſtu d'vne nouelle forme. Car comme le deſſein du Formulaire a eſté de ioindre la condamnation des cinq Propoſitions auec le fait de Ianſenius dans vne meſme *definition de Foy*,
afin de faire receuoir ce fait pour vne verité de Foy, auſſi bien que
la condamnation des cinq Propoſitions ; & declarer Heretiques ceux
qui

qui les oferoient feparer, en approuuant l'vn fans l'autre : Le Pere
Ferrier fuiuant ce mefme deffein, les ioint dans fa troifiéme Propofition ; en difant que cette Propofition a efté decidée par l'Eglife, fur
vne queftion de droit ; c'eft à dire comme vne propofition & decifion
de Foy, en y enfermant le fait de Ianfenius, comme vne partie de cette decifion, Ceft pourquoy il la marquée en lettres Italiques, pour faire croire que la decifion des Papes a efté conceuë en ces mefmes termes, & qu'elle a efté ainfi prononcée *folennellement par la bouche de
deux Papes*, & doit eftre receuë en cette maniere pour Article de
Foy, fans y rien changer, & fans en feparer le fait de Ianfenius, depeur de bleffer la Foy & la doctrine decidée par l'Eglife.

Ce déguifement & cette fauffeté eft inutile au Pere Ferrier, & elle
luy nuit en plufieurs manieres Premierement en ce qu'il fait voir la
mauuaife foy auec laquelle il a agi dans le traitté d'accommodement,
lors qu'il a promis de ne s'attacher point au Formulaire, & a fouf-
fert qu'on n'en ait point parlé dans toute la fuitte des conferences ;
comme fes Confreres témoignent encor aprefent que perfonne ne doit
eftre obligé à le receuoir, & qu'il le faut laiffer à la liberté de tout
le monde. Il paroift clairement que ce ne font que fauffes apparen-
ces pour amufer la fimplicité de ceux qui n'entendent pas leur langage ; & que s'ils quittent le Formulaire en parolles, ils le retien-
nent toufiours en effet, en conferuant dans le cœur le fens & la fub-
ftance, & voulant abfolument que la Foy confifte en ce fait, & que
la qualité de Catholique depende de la croyance de ce ce fait, & que
ceux qui ne le croyent pas, foient heretiques & excommuniez. Et
c'eft en cela que confifte le principal defordre, & comme l'ame & l'efprit du Formulaire.

Mais pour voir l'importance de cet excez, & la playe qu'il fait à la
veritable Foy de l'Eglife ; il ne faut que confiderer qu'il eft impoffible
que cette Propofition foit de Foy : *La Doctrine des cinq Propofitions
contenuë dans le Liure de Ianfenius eft heretique* ; & que les Papes
l'ayent declarée de Foy en toutes fes parties, c'eft à dire en y compre-
nant le fait de Ianfenius felon la penfée du P. Ferrier. Car fi elle eftoit
de Foy, il faudroit quelle fuft dans l'Efcriture, ou dans la Tradition
ancienne de l'Eglife, eftant conftant parmy les Catholiques que toute la Foy de l'Eglife eft dans l'Efcriture, & dans la Tradition des Apoftres,
comme dans fa fource ; & que tout ce qui ne s'y trouue point eft nouueau, & ne peut appartenir à la Foy, qui doit eftre venuë de IESVS-
CHRIST à nous par les Apoftres, & pour cette raifon eftre Diuine & Apoftolique. Or il n'y a nulle apparence de pouuoir trouuer
dans l'Efcriture, ny dans la Tradition des Apoftres que la doctrine
des cinq propofitions contenuës dans le Liure de Ianfenius foit heretique : Il eft donc hors de toute apparence de s'imaginer que cette
Propofition foit de Foy, & qu'elle ait efté declarée telle par les Papes.

La raifon pour laquelle il eft impoffible de trouuer cette Propofition dans l'Efcriture, ou dans la Tradition, n'eft autre que parce
que l'Efcriture & la Tradition ne parlent point de Ianfenius, ny de
fon Liure. C'eft donc le fait de Ianfenius qui empefche quelle ne foit
de Foy: car fi oftant ce fait, on dit fimplement *que la doctrine des
cinq Propofitions eft heretique*; il eft affeuré que cette propofition eft
de Foy; parce qu'elle eft contenuë dans l'Efcriture, & dans la Tradition Apoftolique D'où il s'enfuit euidemment que tant s'en faut
que le fait de Ianfenius puiffe deuenir Article de Foy, ou partie
d'vn Article de Foy, quand il eft joint à vne Article de Foy, comme les
Iefuites l'affeurent; qu'au contraire il empefche que la doctrine qui eft
de Foy toute feule, ne le puiffe eftre auec luy; le meflange & la con-
fufiond'vn fait auec vn Article de Foy, ne pouuant eftre de Foy, felon la reigle indubitable de l'Eglife. Deforte qu'en quelque maniere
qu'on confidere le fait de Ianfenius, foit comme feparé, ou comme
joint à la condamnation des cinq Propofitions; c'eft vne herefie affeurée de pretendre qu'il puiffe eftre creu de Foy Diuine, & deuenir
objet de Foy: & on ne peut pas dire que la decifion de Foy des Conftitutions des Papes enferme le fait du Liure de Ianfenius, & que les
papes ont joint ce fait auec la condamnation des cinq Propofitions
dans vne mefme doctrine de Foy; fans corrompre la Foy de l'Eglife,
fans ruiner la regle de la Foy, & fans deshonorer les Conftitutions
des Papes, en les rendant Auteurs d'vne Foy nouuelle & falcifiée Il
faut donc neceffairement auoüer, pour rendre aux Papes le refpect
qu'on leur doit, qu'ils ont entendu par la doctrine de Foy qu'ils ont
decidée, la condamnation des cinq Propofitions, fans y comprendre le
fait de Ianfenius, felon l'imagination du Pere Ferrier dans fa troifiéme
Propofition, laquelle par confequent ne peut eftre excufée d'herefie.

Quatriéme Propofition du P. Ferrier.

*Dans cette condamnation que deux Papes ont prononcée con-
tre la Doctrine de Ianfenius, on ne peut feparer le droit &
le fait; c'eft à dire on ne peut tenir pour heretique la doctrine condamnée dans les cinq Propofitions, & foutenir en
mefme temps que la doctrine de Ianfenius fur ces Propofitions, n'eft pas celle que ces Papes ont condamnée.*

Refponfe.

On ne peut pas feulement feparer le droit d'auec le fait, dans les
Conftitutions des Papes; mais on les doit neceffairement feparer; &
on ne les peut joindre enfemble dans vne mefme decifion de Foy, &

dans vn mefme objet de Foy, fans erreur & fans herefie, comme ie viens de le faire voir, & fans corrompre la foy Catholique, & fon fondement immuable. Mais quand cela ne feroit pas affeuré par le principe de foy ; il feroit euident par la lumiere commune de la raifon, qui monftre aux plus groffiers, que deux chofes qui font effentiellement feparées, comme vn fait particulier, & vne doctrine de foy ; peuuent auffi eftre feparées dans les decrets de l'Eglife, & dans la creance des fidelles ; & qu'il n'y a nulle apparence de s'imaginer qu'on ne puiffe pas tenir que la doctrine des cinq propofitions eft heretique, fans croire en mefme temps qu'elle eft dans le Liure de Ianfenius ; comme fi l'herefie de cette doctrine dépendoit de Ianfenius, & qu'elle ne puft eftre herefie, que dans fon Liure ; & que hors ce Liure, elle puft deuenir vne verité Catholique.

Suite de la quatriefme Propofition du P. Ferrier.

Il eft certain que fi l'on pouuoit dire auec quelque apparence de raifon, que lors que ces Papes ont declaré qu'ils condamnent le fens ou la doctrine de Ianfenius, fur les cinq Propofitions, leur cenfure ne tombe point fur la doctrine de ce Prelat, mais fur quelque autre qui ne fe trouue point dans fon Auguftin : On pourroit dire par la mefme raifon, que quand les Papes declarent que la doctrine de faint Auguftin, touchant la Grace & le Libre Arbitre, eft catholique ; on peut feparer la doctrine approuuée par les Papes de celle de faint Auguftin, & foutenir que cette approbation ne tombe point fur la doctrine qui eft dans les efcrits de faint Auguftin, mais fur vne autre, qu'on attribüe fauffement à ce grand Saint

Refponfe.

Ie cherche la pointe de ce raifonnement du P. Ferrier, & i'aduouë que ie n'y en voy aucune. Ceux qui entendent l'art de faire des arguments, & le fecret de l'Efchole, fçauent qu'vne des plus foibles manieres d'argumenter, eft celle des comparaifons, de laquelle fe feruent d'ordinaire ceux qui ne penetrent pas le fond des chofes : mais comme cette forte d'arguments eft aifée a trouuer, elle eft auffi aifée à refuter ; car il n'y a rien de plus facile que de trouuer dans vne comparaifon quelque difference, dont la moindre eft capable de rompre vn argument. Mais de toutes les comparaifons les plus foibles, & les moins apparentes, font celles des chofes de fait, qui n'ont nul rapport entre-

elles, & font entierement independantes les vnes des autres. Car qu
oferoit entreprendre de prouuer que S. Chrifoftome Euefque de Con-
ftantinople n'a pas efté condamné injuftement ; parce que Neftorius
Euefque de la mefme Eglife a efté condamné iuftement? où que Diof-
corus Euefque d'Alexandrie n'a pas efté Heretique ; parce que S. Athanafe fon predeceffeur à efté Catholique. On peut former vne infinité de
tels raifonnements ridicules, par la methode du P. Ferrier. Car il conclud qu'on ne peut pas dire que la doctrine que les Papes ont condamnée
dans leurs conftitutions, en l'attribuant à lanfenius, neft pas veritablement de luy ; parce qu'on ne peut pas dire que la doctrine qu'ils ont
approuuée, en l'attribuant a S. Auguftin, n'eft pas de ce faint, mais de
quelque autre ; comme fi de ce que les Papes, ont efté bien informez de
la doctrine qui eft dans les Liures de S. Auguftin ; il s'enfuiueroit qu'ils
n'ont pas efté mal informez de celle qui eft dans le Liure de lanfenius.
Il eft donc aifé de refpondre en trois mots: Qu'on ne peut pas dire que
les Papes n'ont pas efté bien informez de la doctrine de S. Auguftin ;
parce que perfonne n'a iamais douté qu'ils ne l'ayent bien conçeuë, &
qu'ils ne l'ayent bien examiné : Ny fes defenfeurs, ny fes accufateurs
n'en ayant iamais formé la moindre plainte ; mais eftant toûiours demeurez d'accord de ce fait ; en forte que ce feroit folie d'en vouloir douter
au jourd'huy fans aucun fujet, & de s'imaginer que la doctrine que les
Papes ont approuuée ; n'eft pas dans les Liures de S. Auguftin, & qu'elle
luy eft fauffement attribuée. Mais perfonne n'ayant encore pû monftrer
dans le Liure de lanfenius la doctrine des cinq propofitions ; & tous ceux
qui l'y ont voulu chercher, s'eftant refutez l'vn l'autre, par la contrarieté de leurs difcours, & par leurs propres iugements ; Et les Papes, &
les Euefques interpellez fur ce point depuis plufieurs années, n'ayant
pû encore fe refoudre à marquer les endroits de ce Liure, ou cette mauuaife doctrine eft cachée ; il eft manifefte qu'il y a grand fujet de croire
qu'elle à efté imputée a cét autheur, fans vne information legitime ; &
qu'ainfi encore que la doctrine des cinq propofitions condamnée par
l'Eglife foit bien condamnée, & qu'on la condamne auec elle ; on peut
toutesfois refufer de croire qu'elle foit de lanfenius, iufques a ce que
cela ait efté bien prouué, & qu'on l'en ait conuaincu ; & qu'il faut neceffairement feparer l'incertain d'auec le certain, & la Foy d'auec ce qui
n'eft pas de Foy, pour ne pas confondre le vray auec le faux, & la parolle de Dieu auec la parolle de l'Homme.

Cinquiefme propofition du P. Ferrier.

Apres ce Iugement du faint Siege, qui a efté receu & accepté
par toute l'Eglife ; on ne peut foutenir que la doctrine de
lanfenius fur les cinq Propofitions eft catholique, fans
crime.

crime, fans attentat, & fans vne herefie manifefte. De mef-
me que felon les Ianfeniftes, depuis que le faint Siege a ap-
prouué la doctrine de faint Auguftin, fur le fuiet de la Grace
& du Libre Arbitre; on ne peut entreprendre de condamner
d'erreur ou d'herefie la doctrine de ce grand Saint, fans cri-
me, fans attentat, & fans vne herefie manifefte: puis qu'ou-
tre l'oppofition formelle à l'autorité de l'Eglife, que cette en-
treprife contiendroit; elle condamneroit encor d'erreur la mef-
me Eglife dans les iugemens qu'elle a prononcez fur la do-
ctrine de ces deux Autheurs, declarant l'vne orthodoxe, &
condamnant l'autre comme heretique.

Refponfe.

Il eft iufte que le P. Ferrier recüeille ce qu'il a femé, & qu'il forme vne conclufion femblable à fes principes, & à fes propofitions prece-dentes. Car cette conclufion n'eft pas fondée fur le Iugement du faint Siege, comme il dit; mais fur fon faux raifonnement, lequel il veut qu'on prenne pour le Iugement du faint Siege; quoy qu'il ne puiffe pas feulement eftre pris pour le fien, n'en paroiffant aucun dans tout fon difcours. Il a efté monftré clairement qu'il ne s'agit point de fçauoir fi la doctrine de Ianfenius, fur les cinq Propofitions, eft Catholique ou heretique; mais fi elle eft celle que dit le P. Ferrier: Qu'on n'a point difputé de la qualité de cette doctrine, mais feulement de fa fub-ftance; & qu'ainfi ce Iugement du faint Siege ne peut eftre contraire à Ianfenius, qu'en vn fait, en luy attribuant vne doctrine qui n'eft pas dans fon Liure; & qu'on ne le peut accufer d'herefie, ny aucune autre perfonne pour ce fait, fans vne herefie manifefte, en confondant vn poinct de fait particulier auec vn poinct de Foy, & mettant la Foy dans vne chofe dont il n'y a rien dans la parole de Dieu. C'eft là l'herefie du P. Ferrier & de fes confreres, dont ils ne fe laueront iamais, quelques efforts qu'ils faffent, & quelque fubtilité qu'ils cher-chent pour fe fauuer dans les tenebres, en changeant l'eftat de la quef-tion & broüillant les chofes pour cacher leur malice & leur foibleffe. Car la comparaifon de Saint Auguftin dont ce Pere fe fert continuelle-ment, & qu'il rebat fans ceffe dans fon Idée & dans fa Relation; pen-fant s'y mettre à couuert de tous les traits de la verité, comme fous vn bouclier affeuré; ne fait que le découurir dauantage, & l'expofer à la force de la lumiere qu'il veut éuiter. Lors que l'Eglife a approuué la doctrine de Saint Auguftin contre les Semipelagiens, il ne s'agiffoit pas d'vn fait, mais d'vn droit; & maintenant il ne s'agit pas d'vn droit, mais d'vn fait. On ne demandoit pas alors, ce que Saint Auguftin difoit

E

dans ſes Liures ; parce qu'on en eſtoit d'accord : mais ſi ce qu'il diſoit
eſtoit vray & Catholique. C'eſt pourquoy ceux qui ne ſe ſont point
rendus à ce Iugement, ont combattu la verité & la Foy de l'Egliſe,&
ont touſiours eſté condamnez d'hereſie. Mais auiourd'huy on ne diſpute point d'vne doctrine qui eſtoit Catholique ſelon les vns, & heretique ſelon les autres, comme l'on faiſoit alors. On demande ſeulement ſi la doctrine qui eſt Catholique ſelon tous, eſt dans le Liure de
Ianſenius ; ou bien celle qui eſt heretique, ſelon tous. On veut ſçauoir
laquelle des deux doit eſtre nommée doctrine du Liure de Ianſenius;
& comment il faut entendre ce Liure.

C'eſt le poinct vnique de la queſtion; lequel ne touchant point la
Foy, eſt incapable d'hereſie, & on ne peut ſoûtenir le contraire auec
le P. Ferrier, ſans vne hereſie aſſeurée, & ſans vn mépris manifeſte de la
parole de Dieu, qui eſt la ſeule regle de la Foy,& non les raiſons, & les
fauſſes ſubtilitez par leſquelles ce Pere taſche d'obſcurcir vne choſe
ſi claire d'elle-meſme.

Sixiéme Propoſition du P. Ferrier.

*Encor que l'Egliſe ait condamné ſolemnellement la doctrine
de Ianſenius ſur les cinq Propoſitions, & l'ait declarée impie
& heretique ; il eſt vray neantmoins que les Theologiens
qu'on appelle Ianſeniſtes, ne laiſſent pas de croire & de publier dans leurs eſcrits que cette doctrine eſt tres-catholique
& ſans erreur : Que les Papes & les Eueſques ne l'ont point
entenduë : & qu'on attribuë à Ianſenius vne doctrine qui
ne ſe trouue point dans ſon Auguſtin : & quelque ſoin qu'on
ait pris de les retirer de ce ſentiment, on ne les a pû iamais
porter à faire vne Declaration qui donnaſt la moindre attain-
te à la doctrine de Ianſenius.*

Reſponſe.

Voicy encore des fauſſetez & des equiuoques, qu'il eſt facile de
deſtruire par la lumiere de la verité, & qui ſe contrediſent & ſe de-
truiſent elles-meſmes. Le P. Ferrier aſſeure que l'Egliſe ayant condamné la doctrine de Ianſenius, ſur les cinq Propoſitions, les Theologiens qu'il appelle Ianſeniſtes, croyent & publient *que cette doctrine
eſt tres-Catholique, & ſans erreur ;* renouuellant les fautes qu'il vient de
faire, & y en adjouſtant d'autres encor plus grandes. Car il ſuppoſe
touſiours qu'il s'agit de ſçauoir ſi la doctrine de Ianſenius, ſur les cinq
Propoſitions, eſt Catholique ou Heretique, au lieu qu'il ne s'agit que

de fçauoir, ſi elle eſt celle que diſent les Moliniſtes; ce qui manifeſtement n'eſt qu'vne queſtion de fait, laquelle ce Pere taſche touſiours
de changer en queſtion de droit; afin de faire prendre le fait pour le droit,
& pour article de Foy, ſelon le deſſein de ſon hereſie.

Secondement, il veut faire croire que la doctrine que l'Egliſe a condamnée, ſous le nom de Ianſenius, eſt ſoûtenuë par ſes aduerſaires; &
qu'vne meſme doctrine, qui eſt heretique ſelon l'Egliſe, *eſt Catholique*
& ſans erreur, ſelon eux. Cette ſeule explication de ſes paroles em-
broüillées, ſuffit pour en voir la fauſſeté & la malice. Car il eſt euidemment faux que ces Theologiens croyent & approuuent aucune doctrine, ou aucun dogme que l'Egliſe ait condamné: Et il eſt faux que
la doctrine que l'Egliſe a condamnée, ſous le nom de Ianſenius, ſoit
celle qu'ils luy attribuent, comme le P. Ferrier le ſuppoſe honteuſe-
ment. Les paroles meſmes qu'il adioute apres cette impoſture, rendent
témoignage à la verité par ſa propre bouche. Car il dit que ces Theologiens croyent *que les Papes & les Eueſques n'ont point entendu la doctrine de*
Ianſenius, & qu'on luy attribuë vne doctrine qui ne ſe trouue point dans
ſon Auguſtin. S'ils croyent que les Papes & les Eueſques n'ont pas
entendu la doctrine de Ianſenius, ils ne croyent donc pas qu'ils
l'ayent condamnée telle qu'elle eſt; mais qu'ils en ont pris vne
autre pour elle, & qu'ils ont condamné cette autre doctrine, en
penſant condamner celle de Ianſenius; & qu'ainſi ils ſe ſont trompez
dans le fait. De ſorte que le P. Ferrier meſme témoigne que ces Theologiens ne ſoûtiennent pas la doctrine qui a eſté condamnée par les
Papes, & qu'ils n'ont aucuns ſentimens contraires à cette condamnation, que ſur vn poinct de faict. Ce qui eſt encor plus clair, s'ils ſe
plaignent, comme dit le P. Ferrier, qu'on attribuë à Ianſenius vne doctrine qui ne ſe trouue point dans ſon Auguſtin. Car c'eſt declarer ouuertement qu'ils tiennent que la doctrine condamnée n'eſt point celle qui eſt dans le Liure de Ianſenius; & partant qu'ils ne deffendent
point cette doctrine condamnée, puiſqu'ils ne ſoûtiennent que celle
qui ſe trouue dans le Liure de Ianſenius; mais pluſtoſt qu'ils la condamnent auec les Papes, & la iugent indigne du Liure de Ianſenius.
La calomnie du P. Ferrier eſt donc euidente par luy-meſme; & il eſt
viſible que ceux qu'il traitte ſi laſchement & ſi indignement, n'approuuent pas la doctrine & le dogme que le ſaint Siege a condamné,
mais vne autre, dont il n'a point parlé dans les Conſtitutions, & qui
demeure inuiolable. Ce qui monſtre que la doctrine que le ſaint Siege a condamnée, & celle que ces Theologiens ſoûtiennent, n'ont rien
de commun, que le nom de Ianſenius; lequel le Pape a donné à la doctrine qu'il a condamnée; parce qu'il a ſuppoſé qu'elle eſtoit dans le
Liure de Ianſenius: Et ces Theologiens ne pouuant croire qu'elle y
ſoit; parce qu'ils ne l'y ont pû decouurir, entendent par doctrine de Ianſenius, vne autre doctrine, qu'ils croyent eſtre veritablement de cét Auteur.

Le P. Ferrier fe iouë donc honteufement de l'equiuoque de ce terme *Doctrine de Ianfenius*, qui fignifie vne chofe dans les Conftitutions des Papes, & vne autre tres-differente dans les efcrits de ces Theologiens qu'il calomnie; en voulant faire paffer ces deux chofes pour vne mefme chofe, & ces deux doctrines, pour vne mefme doctrine; à caufe du mefme nom qu'elles portent dans les Liures de ces Theologiens, & dans les Conftitutions des Papes. Ce qui n'eft pas moins impertinent que fi on difoit que les Iefuites qui approuuent la doctrine de Theodoret apres qu'elle a efté condamnée par le cinquiéme Concile Oecumenique, comme impie & Neftorienne; parce qu'ils pretendent que cé Concile l'a prife autrement qu'elle n'eft dans les efcrits de Theodoret; tiennent pour Catholique la doctrine qu'vn Concile Oecumenique a condamnée comme heretique; & partant qu'ils font heretiques Neftoriens, & priuez de la Communion de l'Eglife. On pourroit tirer de femblables confequences de tous les faits dans lefquels les Theologiens eftiment que l'Eglife s'eft trompée; en condamnant d'herefie des hommes ou des Liures, qui en eftoient exempts, dont il y a plufieurs exemples, qu'il n'eft pas befoin de produire en ce lieu. I'en marqueray feulement encor vn ; parce qu'il reprefente les diuers fentimens des Saints, de la vertu defquels on ne fçauroit douter. Il eft certain que Marcel Euefque d'Ancyre, ayant efté accufé de l'herefie des Sabelliens, il fut declaré innocent par le Pape Iules, & par le Concile Oecumenique de Sardique : & neantmoins il a efté condamné par Saint Athanafe, par Saint Bafile, par Saint Chryfoftome, & par d'autres Saints & grands perfonnages On pourroit donc dire, felon la methode du P. Ferrier, que ces Saints ont tenu heretique la doctrine de cét Euefque, qui a efté declarée Catholique par l'Eglife & par vn Concile Oecumenique; & partant qu'ils l'ont efté heretiques; ou bien que le Pape Iules & le Concile de Sardique, ont erré en la Foy; ayant approuué comme Catholique la doctrine d'vn Auteur qui a efté condamnée par tant de Saints, de la Foy defquels on n'a iamais douté dans l'Eglife. On peut raifonner de mefme fur la doctrine d'Origene, d'Ibas, d'Honorius, & des Conciles mefmes de Sardique, de Rimini, d'Antioche, & d'autres defquels les Saints & les grands hommes ont eu des fentimens contraires; les vns les ayant crûs orthodoxes, & les autres heretiques. De forte que la maniere d'argumenter du P. Ferrier eft euidemment ridicule & fophiftique; & propre pour mettre la confufion & le defordre dans l'Eglife, en faifant paffer les plus grands Saints pour heretiques, par la mefme inuention qu'il a trouuée pour noircir ceux qu'il appelle Ianfeniftes. Ce qui eft d'autant plus honteux, qu'il a l'affeurance de les calomnier de la forte en public, apres les auoir iuftifiez en particulier. Car il a efté contraint de leur auoüer dans les Conferences qu'il a euës auec eux, qu'eftant perfuadez que la doctrine des cinq Propofitions n'eft pas dans le Liure de

ure de Ianfenius ; ils ne pouuoient eftre obligez en confcience de declarer qu'elle y fuft ; Et neantmoins il met icy l'herefie qu'il leur impofe, en ce *qu'on ne les a pû iamais porter à faire vne Declaration qui
donnaft la moindre atteinte à la doctrine de Ianfenius.* Il faut donc qu'il
ait auiourd'huy vne autre Idée des herefies & des veritez Catholiques,
qu'il n'auoit alors, ou qu'il leur impute à herefie, de ne vouloir pas
faire, ce qu'on ne peut les obliger de faire en confcience ; & en quoy
par confequent ils ne peuuent eftre coupables d'obftination ny de defobeïffance : ou bien de ce que s'eftant efforcé plufieurs fois de leur
monftrer la doctrine des cinq Propofitions dans le Liure de Ianfenius,
ils ne l'y ont pû apperceuoir, & ne fe font pas rendus fi facilement à
fes demonftrations, que ceux à qui il fe vante de l'y auoir fait voir
toute entiere dans Tholoze, en moins d'vne heure.

Mais il deuoit confiderer que la lumiere qu'il auoit à Tholoze peut
eftre diminuée à Paris, ou bien que ceux de Paris ne font pas fi credules
que ceux de Tholoze. Il euft mieux fait de fuiure l'aduis de Monfieur
l'Euefque de Comenge, qui luy predit que cette difcuffion du fens
de Ianfenius ne luy reüffiroit pas, & qu'apparemment il ne perfuade-
roit point, ny ne feroit perfuadé.

Septiéme Propofition du P. Ferrier.

*Il eft donc manifefte que ces Theologiens qu'on appelle Ian-
feniftes font coupables de crime, d'attentas & d'vne herefie
formelle, & parce qu'ils fe plaignent dans leurs efcrits qu'on
les accufe de tenir vne herefie, fans pouuoir determiner quelle
eft cette herefie ; ie fuis obligé de leur dire que leurs plaintes
font tres-iniuftes. Car on leur a declaré mille fois que leur
herefie confifte à croire & fouftenir, que la doctrine de Ianfenius fur les cinq Propofitions, eft Catholique, quoy que l'E-
glife la condamne & la reiette comme impie & heretique. Et
il eft conftant qu'ils font obligez de confeffer que ce n'eft
point vne herefie chimerique, mais vne vraye herefie : puifqu'ils foûtiennent que ce feroit vne herefie formelle, de croire que la doctrine de Saint Auguftin touchant la Grace & le
libre Aibitre, eft heretique, apres que l'Eglife a declaré qu'elle eft orthodoxe & fans erreur.*

Refponfe.

Il n'eft plus befoin de dire rien de particulier contre cette Propofition, qui n'eſt que la concluſion & le comble de tant d'erreurs, d'artifices, de fauſſetez, & d'equiuoques qui ont eſté découuertes dans les precedentes. Il faut ſeulement conſiderer l'aueuglement du P. Ferrier, qui oſe accuſer d'hereſie ſes aduerſaires, ſur vn poinct dont ils n'ont pas ſeulement parlé auec luy, & qui n'a pas eſté mis en queſtion. Car il dit que *leur hereſie conſiſte à croire & ſouſtenir que la doctrine de Ianſenius, ſur les cinq Propoſitions, eſt catholique*: & il a eſté monſtré déſja pluſieurs fois, qu'on n'a iamais diſputé, ſi la doctrine de Ianſenius ſur les cinq Propoſitions, eſt heretique ou catholique; mais ſeulement ſi elle eſt celle qu'il pretend, auec les autres Moliniſtes; & qu'on n'a pas pû meſme diſputer, ſans folie, ſi elle eſt heretique ou catholique; n'eſtant pas d'accord de ce qu'elle eſt, & la prenant en des ſens tout diferens. De ſorte que ſi le P. Ferrier & les Moliniſtes ont *declaré mille fois*, que l'hereſie des Ianſeniſtes conſiſte à croire & à ſouſtenir vn poinct ſi éloigné de la queſtion : ils ont *declaré mille fois*, qu'il n'y a point de Ianſeniſtes, & que l'Idée qu'ils ont du Ianſeniſme, n'eſt fondée que ſur la fauſſeté & ſur l'impoſture.

Secondement, cette accuſation d'hereſie eſt heretique en elle-meſme. Car i'ay fait voir que ceux à qui le P. Ferrier impoſe cette hereſie, condamnent toute la doctrine impie & heretique que l'Egliſe a condamnée; & qu'ils ne trouuent rien à redire en cette condamnation, qu'vn ſeul fait, qui eſt; Que cette doctrine condamnée eſt appellée doctrine de Ianſenius, en ſuppoſant qu'elle eſt dans ſon Liure; au lieu qu'ils ne croyent pas que ce nom luy doiue eſtre donné; parce qu'elle ne s'y trouue pas; mais pluſtoſt à vne autre tres-differente, qui eſt la vraye doctrine de ce Liure. Il eſt donc manifeſte que ce fait nouueau, & inconnû dans la parole de Dieu, & le ſeul poinct dans lequel ils ne conſentent pas aux Conſtitutions, les approuuans dans tout le reſte. Et partant l'hereſie qu'on leur attribuë, à l'égard des Conſtitutions, ne peut eſtre que dans ce ſeul fait, lequel le P. Ferrier veut faire paſſer pour vne doctrine de Foy, & pour vn objet d'hereſie, par vne hereſie indubitable, dont il s'eſt rendu coupable auec les autres Moliniſtes, autant de fois qu'ils ont parlé de Ianſeniſtes & de Ianſeniſme, en leur impoſant vne hereſie qui ne regarde que ce fait. Ce qui eſt encor plus viſible par les propres termes du P. Ferrier; diſant que cette hereſie conſiſte *à croire que la doctrine de Ianſenius, ſur les cinq propoſitions, eſt Catholique*

Or il eſt impoſſible que cette propoſition ſoit Heretique, c'eſt a dire contraire à la Foy de l'Egliſe. Car la regle de la Foy de l'Egliſe, eſt l'Eſcriture ſainte, & la Tradition des Apoſtres; à laquelle il faut qu'vne doctrine ſoit contraire, pour-eſtre Heretique, & oppoſée à la Foy Catholique. Et neantmoins il eſt manifeſte que cette propoſition, *la doctrine de Ianſenius, ſur les cinq propoſitions, eſt Catholique*, ne peut-eſtre contraire ny a l'Eſcriture, ny a la Tradition, qui ne parlent point de

Ianſenius. Et par conſequent il eſt indubitable que cette propoſition
ne peut-eſtre Heretique, ny rendre perſonne heretique, qu'en ſuppoſant qu'il peut y auoir des hereſies qui ne ſoient pas contraires à la Foy
de l'Egliſe ; où que la Tradition, & l'Eſcriture ne ſont pas la regle de la
Foy Catholique ; & que les choſes dont elles ne parlent point, peu-
uent-eſtre Articles de Foy, & matiere d'hereſie. Et c'eſt l'hereſie du P.
Ferrier, & des Ieſuites, qui veulent qu'on tienne pour objet de foy &
pour matiere d'hereſie, vne choſe dont il n'y à rien dans la parolle de
Dieu. Car la raiſon pourquoy cette propoſition, *la doctrine de Ianſe-*
nius, ſur les cinq propoſitions, eſt Catholique, ne peut-eſtre vne hereſie;
c'eſt qu'elle enferme vn fait, dont il n'y a rien dans la parolle de Dieu;
ces mots, *doctrine de Ianſenius* ſignifians vne doctrine que Ianſenius à
enſeignée, où qui ſe trouue dans ſon Liure, duquel la parolle de Dieu
ne fait point mention. Or c'eſt dans ce point, qui ne ſe trouue pas dans
la parolle de Dieu, que le P. Ferrier eſtablit l'hereſie pretenduë de ſes
aduerſaires ; & qu'il déclare que ſes confreres l'y ont toûjours eſtablie;
tenans pour heretiques, ceux qui ne veulent pas auoüer que Ianſenius
ait enſeigné la doctrine des cinq propoſitions. Il eſtablit donc cette hereſie dans vn point que Dieu n'a point reuelé à ſon Egliſe & dans vn fait
qui n'a rien de commun auec la parolle diuine. Et par conſequent en
cherchant vne hereſie fauſſe, & chimerique ; il en forme vne veritable, qui corrompt la foy, par l'addition d'vn faux article, & d'vn point
qui ne luy peut appartenir ; & introduit vne fauſſe regle de foy, aban-
donnant la veritable, qui eſt l'Eſcriture Sainte, & la Tradition Apoſtolique. De ſorte que s'il eſt vray, comme il dit, que ceux de ſa compagnie, *ont déclaré mille fois* que l'hereſie du Ianſeniſme conſiſte à croire
que la doctrine du Liure de Ianſenius eſt Catholique, il faut qu'il re-
connoiſſe qu'ils ont fait & confirmé *mille fois* vne hereſie ; & qu'il l'a
faite, & la fera auec eux, autant de fois qu'ils auanceront cette propoſition heretique ; & ils teſmoigneront que le Ianſeniſme n'eſt qu'vn
fantoſme, & que *l'Idée* du Ianſeniſme, n'eſt fondée que ſur vne hereſie
inuentée par les Ieſuites, qui ruïne toute la foy Catholique.

Il n'eſt plus beſoin de parler de la comparaiſon de la doctrine de S.
Auguſtin, que le P. Ferrier repete encore à la fin de ſa ſeptiſme propoſition ; parce que les fautes qu'il y fait, ont eſté desja deſcouuertes, en
deſcouurant les ambiguitez, les déguiſemens, & les fauſſes ombres
dont il taſche d'obſcurcir cette matiere ; & on en deſcouurira encore
d'autres, dans la ſuitte de ſon *Idée*. Il faut ſeulement l'aduertir icy
qu'il n'agit pas de bonne foy, en alleguant ce qu'il ne croit pas dans ſon
cœur, pour pouuoir accuſer ſes aduerſaires d'hereſie. Car il ne croit
pas qu'il ne ſoit point permis de condamner d'hereſie la doctrine de S.
Auguſtin, touchant la grace, & le libre Arbitre ; quoy que l'Egliſe
l'ait approuué. Il dit bien que ſes aduerſaires ſoûtiennent, *que ce ſeroit*
vne hereſie formelle, de le croire : mais il ne dit pas qu'il eſt de leur aduis;

& il ne sçauroit en estre, sans condamner d'heresie formelle Molius, & tant d'autres de sa compagnie,' qui n'ont pas eu honte d'accuser S. Augustin d'enseigner des erreurs, & de fauoriser les heretiques, & particulierement ceux qui ont escrit dans Paris, depuis peu d'années, auec approbation des Theologiens de la compagnie & des prouinciaux. Car ils n'ont pas fait scrupule de publier : *Qu'il est constant que S. Augustin a parlé auec excez, dans les matieres de la grace & de la predestination. Que c'est sans raison qu'on veut qu'il soit l'oracle de la grace. Qu'en combattant auec Pelagius, qui loüoit la liberté auec excez, il le presse auec vn peu trop de chaleur, & se iette dans des extremitez dangereuses. Que lorsqu'il, traitte de l'efficacité, & de la matiere d'operer de la grace, de la predestination, & de l'election a la gloire; & l'application de la Mort, & du sang de IESVS-CHRIST, de la cause de la predestination, & de la reprobation; & de la peine que souffrent les enfans qui meurent sans Baptesme; nous ne sommes pas obligez de plier aueuglement sous tous les points de sa doctrine. Enfin que nous ne sommes pas obligez d'estre esclaues de S. Augustin, ny d'adorer tous ses sentimens; & que S. Hierosme escrit qu'il a auancé des choses heretiques.* Et quand ils veulent se moderer vn peu, & tesmoigner quelque deference au jugement que le S. Siege, & l'Eglise vniuerselle ont rendu en faueur de ce Maistre commun des Papes, & des fidelles, comme les Papes mesmes le reconnoissent; ils auoüent bien qu'il faut suiure ses opinions; mais lors seulement qu'elles ne sont pas contraires à l'Escriture, & aux Conciles, & au consentement des Peres; tesmoignans qu'elles y sont quelquefois contraires, & par consequent qu'elles sont heretiques, & peuuent estre condamnées d'heresie en ce temps, après auoir esté si extraordinairement approuuées dans tous les siecles qui l'ont suiuy. Car ils disent formellement, *que ses sentimens sont contredits de tous les Peres*; & ils declarent en mesme temps, *qu'il est impossible qu'vn Docteur particulier soit opposé à tous les Peres, sans estre noté d'heresie*: parce que les Catholiques tiennent que le consentement des Peres est d'authorité diuine. Ce qui n'est pas dire seulement que la doctrine de ce Saint, & de ce Docteur incomparable peut-estre heretique, & condamné d'heresie; mais c'est asseurer qu'elle l'est, & l'en condamner actuellement. Aussi les Iesuites de Poictiers ont osé publier dans vn imprimé, il y a qu'elques années; que le Concile de Trente auoit déja comdamné quelques points de la doctrine de S. Augustin; & par consequent qu'on pourroit bien condamner les autres. Et c'est sans doute, pour cette mesme raison que le P. Annat a escrit dans vn Liure où il a mis son nom, & qu'il a fait Imprimer dans Paris; que le Pape Innocent X. en condamnant les cinq propositions, *n'a eu nul égard à S. Augustin, & ne s'est pas mis en peine de sçauoir, s'il approuuoit où s'il condamnoit sa doctrine,* ne croyant pas qu'il y eust danger de la condamner d'heresie, aussi bien que celle du Liure de Iansenius, comme il l'exprime clairement luy-mesme, adjoustant:

ftant peu aprés ; *que s'il eſtoit clair que la definition du Pape fuſt contraire* vel vt doc-
trinam eius
ſancirer,
vel vt dam-
darer.
à quelques points de la doctrine de S. Auguſtin ; il faudroit laiſſer le ſen-
timent de S. Auguſtin, pour ſuiure celuy du Pape. Il veut donc faire
croire que S. Auguſtin peut eſtre condamné aujourd'huy par les Papes, auſſi bien que Ianſenius ; & par conſequent que les Papes peuuent
eſtre condamnez par les autres Papes, auſſi bien que les particuliers ;
puiſque les Papes ont dit tant de fois que la doctrine de S. Auguſtin
Si deinde
conuice-
retur id
quod defi-
nitum eſt
contrarium
eſſe quibuſ-
dam alijs
ejuſdem
Sancti Au-
guſtini pro-
nuntiatis ;
deſerendam
potius ſan-
cti Augu-
ſtini ſen-
tentiam,
quam ſen-
ſentiam
ſummi
Pontificis.
eſt celle de leur Egliſe ; qu'elle eſt exempte de toute erreur, & de tout
ſoupçon ; qu'elle eſt *tres aſſeurée, & entierement inebranlable,* comme le
Pape Alexandre VII. la eſcrit depuis peu dans ſon bref à la faculté de
Louuain ; ce qui ne ſeroit pas vray, ſi elle pouuoit eſtre ébranſlée, &
renuerſée par la condamnation des autres Papes, & par celle du pre-
deceſſeur d'Alexandre VII. comme le P. Annat le témoigne. Voila qu'elle eſt la ſincerité du P. Ferrier dans la principale preuue dont il ſe ſert
pour conuaincre d'hereſie ſes aduerſaires, par la comparaiſon de la
doctrine de S. Auguſtin, qui eſt condamnée d'hereſie dans ſa compagnie, auec autant de liberté, que ſi elle n'auoit iamais eſté approuuée
par l'Egliſe ; ſans craindre la cenſure du Siege Apoſtolique, qui a déclaré il y a long-temps que ce ſaint n'a iamais eſté ſoupçonné d'aucune
erreur, & a condamné ſi fortement tous ceux qui l'en ont oſé accuſer.
Mais il ſera encore parlé plus bas de cette comparaiſon, lors que le P. P. Annat in
Cauil.
Ferrier donnera ſujet de deſcouurir les autres hereſies qu'elle enferme.
Il ſuffit de remarquer icy, que puis qu'il croit auec ſes confreres,
qu'il eſt permis de condamner publiquement auec tant de hardieſſe la
doctrine de S. Auguſtin, ſans conſiderer les approbations qu'elle à re- Sancto-
rum Augu-
ſtini, &
Thomæ
Aquinatis
inconcuſſa
tutiſſima-
que dog-
mata. Ale-
xan. VII.
çeuës de tant de Papes, & de Saints ; de tant de Conciles & de tant de
ſiecles ; il ne peut auoir aucune raiſon de blaſmer ceux qui ne croyent
pas vn ſimple fait, que deux Papes ont decidé contre le Liure de Ianſenius ; en ſuppoſant qu'il enſeigne vne doctrine qui ne s'y trouue point,
& qu'on n'y a pû encore monſtrer clairement à perſonne.

Huitieſme propoſition du P. Ferrier.

Cecy fait voir clairement que les Ianſeniſtes ſe mocquent du In Cauil.
Pape, & des Eueſques, & de la ſimplicité de ceux qui ad-
iouſtent foy à leurs eſcrits, quand ils publient qu'on les con-
damne comme heretiques, parce qu'ils refuſent de croire de Cæleſt.
ep. 2. ad
Epis. Gall.
&c.
foy diuine vn fait non reuelé. C'eſt vne extrauagance qu'eux-
meſmes ont inuentée ; n'y ayant perſonne dans l'Egliſe qui
exige d'eux cette croyance, & qui ne croyent que ce qui n'eſt
point appuyé ſur la reuelation de Dieu, ne peut-eſtre creu de
Foy diuine.

G

Refponfe.

Le P. Ferrier fe iouë ouuertement de l'ignorance de ceux qu'il croit qui ne pourront pas defcouurir fes fineffes , & démefler fes equiuoques. Il fait femblant de répondre à ceux qui fe plaignent, de ce , *qu'on les condamne comme Heretiques , parce qu'ils refufent de croire de foy diuine vn fait non reuelé :* & neantmoins il iuftifie leur plainte par fa refponfe. Car au lieu qu'ils fe plaignent qu'on leur veut faire croire de foy diuine, *vn fait non reuelé :* Il refpond en changeant les termes ; qu'il n'y a perfonne qui ne reconnoiffe que ce *qui n'eft point appuyé fur la reuelation de Dieu* , ne peut-eftre creu de foy diuine ; croyant qu'on ne verra pas la grande difference qu'il y a entre vn poin&, *reuelé de Dieu* , & vn point *appuyé fur la reuelation de Dieu.* Car il y a beaucoup de chofes qui font appuyées fur la reuelation de Dieu , comme toutes celles qu'on infere des textes de l'Efcriture , lefquelles neantmoins on n'ofe pas mettre entre les chofes reuelées ; mais entre les conclufions Theologiques , c'eft a dire entre les objets de fçience , & non de foy diuine.

Le P. Ferrier ne refpond donc à la plainte de fes aduerfaires , qu'en fuyant, & en gauchiffant : Et ainfi il la confirme , & la fait paroiftre plus veritable ; & au lieu de defendre ceux de fa compagnie d'vne erreur ; il s'engage dans vne plus grande , & plus pernicieufe. Car il n'eft pas fi dangereux de dire qu'on peu croire de foy diuine vn fait decidé par l'Eglife, quoy que Dieu ne l'ait pas reuelé ; que de dire qu'on peut faire croire de foy diuine, *ce qui eft* fimplement *appuyé fur la reuelation de Dieu ;* puifque , felon ce principe , on pourroit prendre pour article de foy , tout ce qu'on penferoit auoir trouué dans l'Efcriture , & tout ce qu'on s'imagineroit en pouuoir inferer par bonne confequence , & ainfi on multiplieroit les Articles de foy iufques à l'infiny ; Et il n'y auroit perfonne qui n'en pûft faire de nouueaux à tous momens ; au lieu que toute la Theologie tient que l'Eglife mefme vniuerfelle n'a pas ce pouuoir. Le P. Ferrier n'explique pas la maniere dont il penfe qu'on pourroit appuyer le fait de Ianfenius fur la reuelation de Dieu , pour le rendre objet de foy diuine. Il fait comme les bons plaideurs , qui ne fe defcouurent point , & cachent autant qu'ils peuuent les raifons & le fecret de leur affaire , de peur de donner des armes à leurs parties pour les combattre. Mais il ne femble pas qu'il puiffe y auoir des raifonnemens plus foibles , & plus irregulier que celuy qu'on formeroit pour trouuer ce fait dans l'Efcriture. De forte que fi cela n'empefchoit pas qu'il ne pûft eftre mis au rang des articles de foy , comme eftant fuffifamment appuyé fur la reuelation de Dieu ; il n'y auroit penfée fi bizarre qui ne pûft deuenir objet de foy diuine par ce principe ; qui par confequent ne feroit propre que pour ruïner toute la Religion , & la rendre ridicule & imaginaire.

Le P. Ferrier ne fait donc qu'aigrir, & empirer l'erreur qu'il veut excuser, en y adjouſtant vne extrauagance encore plus grande, & plus dangereuſe que celle qu'il dit que ſes aduerſaires ont inuentée contre ſes Confreres, & que perſonne ne tient dans l'Egliſe. Mais il eſt ſi manifeſte que ſes Confreres du College de Clermont ont ſouſtenu dans la Theſe qui à donné tant d'herreur à tout le monde ; *Qu'on peut croire de foy diuine que le Liure de Ianſenius eſt heretique, & que les cinq Propoſitions qui en ont eſté extraittes ſont de Ianſenius ;* ſans appuyer cette foy que ſur les Conſtitutions d'Innocent X. & d'Alexandre VII. & ſur l'infaillibilité du Pape dans les faits, *tam in quæſtionibus iuris, quam Facti,* pretendans que Iesvs-Christ luy à donné la meſme infaillibité, qu'il auoit en ſa propre perſonne, *eandem quam habebat ipſe infaillibilitatem ;* & il eſt ſi clair qu'ils n'ont accuſé d'hereſie leurs aduerſaires, que parce qu'ils ne croyoient pas ce fait, quoy qu'ils accordaſſent tout le reſte ; que ie ne ſçay comme le P. Ferrier peut auoir l'aſſeurance de nier, ou de déguiſer vne choſe ſi euidente. Ce qui eſt d'autant plus eſtrange, qu'il à dit luy-meſme auparauant, *Qu'on à déclaré mille fois aux Ianſeniſtes, que leur hereſie conſiſte à croire & ſoûtenir, que la doctrine de Ianſenius, ſur les cinq Propoſitions, eſt Catholique.* On leur a donc declaré mille fois que leur hereſie conſiſte à ne vouloir pas croire vne choſe *non reuelée* ; eſtant certain que Dieu n'a pas reuelé dans ſa parole que la doctrine de Ianſenius n'eſt pas Catholique. De ſorte que l'extrauagance dont le P. Ferrier ſe plaint, & qu'il aſſeure n'auoir iamais eſté tenuë de perſonne dans l'Egliſe ; à eſté, ſelon luy, déclarée mille fois par ſes Confreres, & elle eſt encore ſouſtenuë par luy meſme dans toute ſon Idée. Car il ne luy ſert de rien de vouloir faire paſſer le fait de Ianſenius pour vn point de doctrine ; parce que, comme il à eſté monſtré pluſieurs fois, cette pretention eſt hors d'apparence ; & quand elle ſeroit vraye, il n'y gaigneroit rien ; n'y ayant pas moins de mal de mettre la Foy dans vne doctrine non reuelée, que dans vn fait non reuelé ; l'vn & l'autre eſtant égallement erroné, & heretique ; parce qu'il deſtruit égallement la regle de la foy ; qui eſt la parole de Dieu ; & rend la foy de l'Egliſe humaine, au lieu qu'elle doit eſtre toute diuine.

Poſt Innocentij X. & Alexandri VII. conſtitutiones fide diuina credi poteſt librū cui titulus eſt Auguſtinus Ianſenij, eſſe hæretitū, & quinque propoſitiones ex eo decerptas ſenſu Ianſenij damnatas. Thes. Clarom. Ann. 1661.die 11. Decemb.

Suitte de la huitieſme Propoſition du P. Ferrier.

Et s'il y a des Theologiens qui eſtiment qu'aprés que le S. Siege à definy que les cinq Propoſitions ſe trouuent dans l'Auguſtin de Ianſenius, & que l'Egliſe à receu cette deciſion ; on peut croire de foy diuine qu'elles y ſont ; Ils pretendent que ce fait eſt ſuffiſamment appuyé ſur la reuelation de Dieu pour eſtre creu : de meſme que ceux qui diſent qu'aprés que l'Egliſe à reconnû Alexandre VII. pour Pape legitime, &

*qu'elle a déclaré que S. Augustin est dans le Ciel au nombre
des bien heureux ; on peut croire l'vn & l'autre de foy diuine , pretendant que ces deux fins sont suffisamment reuelé
pour estre creus de foy diuine. Si les Iansenistes estiment dit
que cette pretention est mal fondée ; c'est à eux à combattre
contre ces Theologiens qui sont en grand nombre ; mais ils
me permettront de les aduertir, qu'aprés qu'ils auront beaucoup trauaillé sur ce sujet, leur cause n'en sera pas meilleure.*

Responfe.

Le P. Ferrier, ose mettre en doute s'il y a des Theologiens qui estiment qu'aprés que le saint Siege à definy, que les cinq propositions se
trouuent dans l'Augustin de Iansenius , on peut croire de foy diuine
qu'elles y sont, & neantmoins ce sont quasi les propres termes de la
These du College de Clairemont, *aprés les constitutions d'Innocent X. &
d'Alexandre V I I. on peut croire de foy diuine que le Liure qui porte pour
tiltre Augustinus Iansenij est Heretique, & que les cinq propositions qui
en ont esté extraites sont de Iansenius, & ont esté condamnée en son sens.*
Que dira-t'on aprés cela, sinon qu'il sensuit de la proposition du P. Ferrier,
où que ceux qui ont soustenu cette These dans le College de Clairemont ne sont pas Theologiens ; ou aprés voulant deffendre leur nouuelle foy diuine, il n'a pas eu de soin de conseruer la foy humaine.

Mais ils pretendent, dit-il, *que le fait de Iansenius est suffisamment
fondé sur la reuelation de Dieu, pour estre creus.* Ils ne le pretendent point,
& n'y dans leur These, n'y dans l'explication qu'ils en ont publiée eux-
mesmes, ils ne parlent point de reuelation de Dieu, n'y descriture ;
mais seulement de la declaration du Pape, & de son infaillibilité ab-
soluë, qui est selon eux, *la mesme que IESVS-CHRIST auoit
dans sa propre personne.* Ils veulent que ce qui procede de cette infaillibilité merueilleuse, & non-seulement tout ce qu'elle dit formellement ; mais aussi tout ce qui est attaché à ce qu'elle déclare, & reuelle
aux hommes, soit de foy, & puisse estre creu de foy diuine ; sans
faire aucune mention de la parolle de Dieu, n'y de l'Escriture sainte.
Ils ne parlent d'autre reuelation, pour establir cette foy diuine, que
de celle que le Pape fait en decidant, & déclarant vne chose à l'Eglise. Le P. Ferrier mesme le tesmoigne, en disant, *qu'ils estiment qu'a-
prés que le Pape à definy que les cinq propositions se trouuent dans l'Augustin de Iansenius, & que l'Eglise a receu cette decision, on peut croire de
foy diuine qu'elles y sont.* Ces paroles marquent assez qu'ils ne fondent, la foy diuine de ce fait que sur l'infaillibilité du Pape, & n'on
sur aucune veritable reuelation de la parolle de Dieu, car la parolle
de

de Dieu n'a pas befoin d'eftre receuë des Euefques & de l'Eglife, eftant aſſez venerable, & indubitable par elle-mefme, fans auoir befoin d'eſtre authoriſée par aucune nouuelle reception. Mais le P. Annat & le P. Ferrier, pour rendre l'infaillibilité du Pape plus paſſable, ſe ſont auiſez depuis peu de dire que les definitions des Papes, ſont infaillibles, quand elles ont eſté receuës par l'Eglife, c'eſt à dire par les Euefques, pour intereſſer les Euefques dans cette infaillibilité, & la rendre moins odieuſe par cette fauſſe couleur. Et c'eſt ce qui fait dire au P. Ferrier que les Theologiens dont il parle, ſçauoir ceux du College de Clairmont, eſtiment *qu'aprés que le Pape à definy* que les cinq Propoſitions ſont dans le Liure de Ianſenius, & *que l'Eglife à receu cette deciſion*, on peut croire de foy diuine qu'elles y ſont ; adjouſtant à la definition du Pape l'approbation de l'Eglife, ou des Euefques, pour rendre accomplie l'infaillibilité de la deciſion du Pape, & capable d'appuyer la foy diuine du fait de Ianſenius, ſuiuant la Theſe du College de Clermont. Il confirme donc la doctrine de cette Theſe, en eſtabliſſant le nouuelle article de foy du fait de Ianſenius ſur l'infaillibilité du Pape, & ſur la deciſion qu'il en a publiée, comme ſur vne reuelation de Dieu, ſupoſant que la deciſion du Pape eſt vne reuelation que Dieu fait à l'Eglife, comme ſi elle eſtoit prononcée de la propre bouche de IESVS-CHRIST, qui luy à donné la meſme infaillibilité qu'il a en ſa perſonne. Voila ce qui eſt commun entre le P. Ferrier, & les Ieſuites du College de Clermont. Mais ils ne ſont pas d'accord auec luy, que la deciſion du Pape, pour eſtre infaillible en article de foy diuine, doiue eſtre receuë de l'Eglife, & des Euefques, ils reiettent manifeſtement cette clauſe & cette fauſſe apparence, en donnant au Pape ſeul le pouuoir de definir infailliblement les faits & de les rendre, Articles de foy, meſme ſans les Euefques & ſans le Concile : *etiam extra Concilium generale* ; pour monſtrer qu'ils n'appuyent cette foy diuine des faits que ſur la parolle du Pape, ſans auoir eſgard à l'Eglife. Ils nont pas creu qu'il y eut apparence de l'attribuer à la reception, & à l'approbation des Euefques, tant parce que leur auis ſont differens ſur ce fait, & qu'ils deſaduoüent toutes l'infaillibilité dans les faits, auſſi bien que le Pape, qui ne la pretend, n'y pour luy n'y pour l'Eglife ; que parce que les Ieſuites ſçauent bien que le Pape ne veut pas qu'on communique aux Euefques aucuns de ſes priuileges, ny qu'on les face deſpendre d'eux, croyant que cela ſeroit contraire à ſa puiſſance ſuprême, & à l'independance de ſon Siege. Auſſi il n'eſt pas vray ſemblable que le P. Ferrier ſoit contraire en ce point ſi important à ſes Confreres, & qu'il eſt plus croyable qu'il n'a parlé de la ſorte, que pour adoucir leur hereſies, & diminuer qu'elques choſe de l'horreur qu'elle fait à tout le monde, en teſmoignant qu'il ne redoute pas tant les iugemens de Dieu, que ceux des Hommes.

Il le fait voir encore d'auantage, en alleguant l'opinion de ceux qui diſent qu'aprés que l'Eglife à reconnû vn homme pour Pape legitime,

H

ou que S. Auguftin eft dans le Ciel, on peut croire l'vn, & l'autre de foy diuine, & que ces faits font fuffifamment reuelez pour eftre creus. Mais premierement cela n'a rien de commun auec la Thefe de ceux qui ont declaré le fait de Ianfenius Article de foy, à caufe de la decifion, & de l'infaillibilité du Pape, & non à caufe de la reuelation de Dieu. Seconde-ment c'eft abufer de l'opinion de quelques Theologiens, qui tiennent qu'vne conclufion qui fuit euidemment d'vne propofition de foy, & d'vne autre certaine & indubitable par la lumiere de la raifon, ou par l'experience, quoy qu'elle ne foit pas reuelée, peut eftre creuë de foy di-uine ; comme par ce qu'il eft de foy que celuy qui a efté legitimement efleu Euefques de Rome, eft fucceffeur de faint Pierre ; Et qu'il eft ma-nifefte qu'Innocent, ou Paul ont efté legitimement efleus ; ils concluent qu'il eft de foy qu'Innocent ou Paul font fucceffeurs de S. Pierre. Mais ils ne difent pas pour cela qu'il foit de foy qu'Innocent a efté legitimement efleu, ny mefme qu'il foit euident, ou qu'on n'en puiffe pas douter, fans bleffer la foy, comme le P. Ferrier le fuppofe, & comme il feroit ne-ceffaire pour faire valoir fa preuue. Et c'eft ce qui la deftruit manifefte-ment, & la renuerfé fur luy-mefme ; car fi ces Theologiens tiennent qu'vne conclufion pour pouuoir eftre creuë de foy diuine, doit eftre ti-rée euidemment d'vne propofition de foy, & d'vne autre qui foit pour le moins euidente par la lumiere naturelle, quoy qu'elle ne foit pas re-uelée de Dieu ; Ils tiennent donc que fi elle n'eft pas tirée de deux Propo-fitions de cette nature, elle ne peut pas eftre de foy diuine ; c'eft à dire fi l'vne de ces Propofitions n'eft pas de foy, ou fi l'autre n'eft pas affeurée & indubitable par la lumiere de la raifon, ou par l'experience. De forte que fi le P. Ferrier fait cét Argument ; tout Liure qui contient vne do-ctrine condamnée d'herefie, par l'Eglife, eft heretique : Or le Liure de Ianfenius contient vne doctrine condamnée d'herefie par l'Eglife : Donc le Liure de Ianfenius eft heretique : Il eft clair que cette conclufion, ne peut eftre de foy, felon les Theologiens dont il parle, puifque la feconde Propofition n'eft euidente, n'y par la lumiere naturelle, comme il eft manifefte, n'y par l'experience, parce que perfonne n'a pû encore trouuer la doctrine des cinq Propofitions condamnée par l'Eglife ny leurs erreurs dans le Liure de Ianfenius ; & que de tous ceux qui l'y ont cherchée il n'y en a pas deux qui s'accordent, & qui ne fe combattent l'vn l'autre ; il eft donc plutoft euident par l'efperience que la feconde Propofition de cét Ar-gument n'eft pas vraye, mais fauffe, & fuppofée ; Et ainfi la conclufion ne peut eftre de foy, felon l'opinion des Theologiens dont le P. Ferrier à vou-lu abufer auec fon adreffe ordinaire, & il fenfuit mefme qu'elle eft fauffe.

Ils n'ont auffi iamais dit qu'il foit de foy que faint Auguftin eft faint : parce qu'encore que ce foit vne verité indubitable ; elle n'eft pas neantmoins reuelée dans l'Efcriture n'y dans la Tradition Apofto-lique. Et ainfi celuy qui en douteroit, ne feroit pas heretique, mais fol & infenſé. Parce qu'il s'oppoſeroit au conſentement de toute l'Egliſe, depuis tant de ſiecles, ſans aucune raiſon apparente : Et il ſeroit iuſtement ſoupçonné de quelque plus grande erreur contre la foy, s'il ne paroiſſoit pas qu'il euſt perdu l'eſprit. De ſorte que cét exemple ruine encore l'Argument du P. Ferrier, n'y ayant rien dans le fait de Ianſenius, qu'il veut eſleuer à la dignité d'Article de foy, qui tienne de la certitude, & de l'euidence de la ſainteté de ſaint Auguſtin.

Troiſieſme partie de la 8. Propoſition du P. Ferrier.

On ne les tient point pour Heretiques, pour ne vouloir pas croire de foy diuine que les cinq Propoſitions ſont dans Ianſenius. Mais parce qu'ils refuſent de les condamner comme Heretiques au ſens de Ianſenius ; & qu'ils s'obſtiennent à ſouſtenir que les ſentimens de Ianſenius, ſur ces Propoſitions, ſont Catholiques, & ſans erreur ; quoy que l'Egliſe les ait condamnez d'impieté & d'hereſie.

Reſponſe.

Il n'eſt pas beſoin de combattre l'opinion des Theologiens dont parle le P. Ferrier ; parce qu'il a eſté monſtré qu'elle n'a rien de commun auec l'hereſie qu'il a voulu couurir de leur nom. Mais apres auoir fait ce qu'il a pû pour defendre cette hereſie ; il fait ſemblant de l'abandonner, comme ſi elle ne luy eſtoit pas neceſſaire, & d'auoir trouué vn meilleur moyen pour reſpondre à ſes aduerſaires. En quoy il condamne premierement ſes Confreres de folie, ou d'ignorance, d'auoir inuenté vne hereſie ſans neceſſité, pour combattre ceux qui pouuoient eſtre combattus auec des armes plus fortes, & plus innocentes. Car ils n'ont ſouſtenu dans leur Theſe que les faits decidez par le Pape peuuent eſtre creus de foy diuine, que pour prouuer qu'il eſt de foy diuine, que les cinq propoſitions ſont dans Ianſenius, & que le ſens condamné de ces propoſitions eſt de luy, comme ils le diſent expreſſement dans cette Theſe ; & que par conſequent leurs aduerſaires peuuent eſtre condamnez d'hereſie, parce qu'ils ne croyent pas ce fait. Or le P. Ferrier declare qu'ils ne ſont pas heretiques pour cette raiſon, mais pour vne autre, qui luy ſemble meilleure. Il condamne donc ſes Confreres de folie, ou d'ignorance, en voulant condamner ſes aduerſaires d'hereſie : Et il iuſtifie ſes aduerſaires, en declarant qu'ils ont eſté condamnez fauſſement, & injuſtement par ſes Confreres.

Mais en effet, il eſt encore plus injuſte qu'eux, & plus aueugle. Car en ſe vantant d'alleguer vne raiſon meilleure que la leur, & de s'eſloi-

gner de leur herefie ; il ne fait que rapporter la mefme raifon, & renou-
ueler la mefme herefie, en d'autres termes. Il dit *qu'on ne tient point heretiques fes aduerfaires, pour ne pas croire de foy diuine que les cinq propofitions font dans I anfenius ; mais parce qu'ils refufent de les condamner
comme heretiques, au fens de I anfenius.* Et il eft manifefte que ces deux
raifons ne font differentes qu'en parolles. Car refufer & condamner les
cinq propofitions heretiques, au fens de Ianfenius ; n'eft autre chofe
que de refufer de croire que le fens de ces propofitions condamnées foit
dans Ianfenius ; ou que ces propofitions foient dans Ianfenius felon le
fens. Si donc l'vn n'eft pas objet de foy diuine, l'autre ne le peut eftre :
& fi on n'eft pas heretique pour ne croire pas l'vn de foy diuine ; on ne le
peut eftre pour ne croire pas l'autre. De forte que le P. Ferrier fe mo-
que du monde, en donnant pour deux chofes differentes, vne mefme
chofe, & vn mefme fait ; comme fi la diuerfité des parolles eftoit capable de les changer, & de rendre heretiques fous les vnes, ceux qui ne le
font pas fous les autres. Il n'eft donc ny meilleur, ny plus fubtil que fes
Confreres ; mais plus rufé, & plus malicieux. Ce qui eft d'autant plus
vray, que quoy qu'il n'ait point d'autre raifon qu'eux pour combattre
fes aduerfaires ; il la pouffe neantmoins bien plus loin, & dans vn excez plus inexcufable. Car ils fe font contentez de leur attribuer vne
herefie, & de conclure que leur fentiment eftoit heretique, pour ne
croire pas de foy diuine que les cinq propofitions font dans Ianfenius,
& condamnées en fon fens ; Et le P. Ferrier ofe foutenir qu'ils font heretiques eux mefmes, pour cette raifon & priuez de la Communion de
l'Eglife, ce qui eft beaucoup plus infupportable, & plus infoutenable
que la Thefe de fes Confreres. Car quand il feroit vray qu'on pourroit prouuer par quelque raifonnement raffiné, qu'il eft de foy diuine
que les cinq propofitions font dans Ianfenius, ou qu'elles ont efté condamnées dans fon fens ; & que ceux qui tiennent le contraire, tiennent
vne herefie ; il feroit hors de toute apparence de raifon, de vouloir conclure par là qu'ils font heretiques ; puis qu'il eft indubitable qu'on n'eft
heretique, qu'en s'oppofant à vne verité de foy definie par l'Eglife : &
il eft euident que l'Eglife n'a iamais dit qu'il faille croire de foy diuine
que les cinq propofitions font dans le Liure de Ianfenius ; ou qu'elles ont efté condamnées dans fon fens ; & elle ne le dira iamais, ny le
Pape auffi quelque credit que le P. Ferrier puiffe auoir à Rome. Car il a
desja efté dit que tant s'en faut qu'il foit de foy diuine, *que les cinq Propofitions font heretiques au fens de I anfenius* ; qu'on ne le peut pas dire fans
herefie ; parce qu'il eft euident que cette propofition ne fe trouue point
dans la parolle de Dieu, fans laquelle on ne peut rien croire de foy diuine. Et par la mefme raifon, ce ne peut eftre vne herefie de foutenir
que les fentimens de Ianfenius, fur les cinq propofitions, font Catholiques ; parce que cette propofition n'eftant pas contraire à la parolle
de Dieu, qui ne fait point mention du fens de Ianfenius ; elle ne peut
eftre

eſtre tenuë heretique, qu'en ſuppoſant que la parolle de Dieu n'eſt pas la reigle de la foy, & des hereſies. Ce qui eſt vne hereſie aſſeurée dans l'Egliſe, & vn renuerſement de la foy Catholique.

Neufiéme Propoſition du P. Ferrier.

Il eſt inutile de reſpondre que c'eſt ſe mocquer de Dieu, & de l'Egliſe, de vouloir obliger des Theologiens à condamner le ſens de Ianſenius ſur les cinq propoſitions, ſans leur vouloir marquer preciſément quel eſt ce ſens. Car puiſque les Ianſeniſtes ne ſe mocquent point de Dieu ny de l'Egliſe, quand ils publient ; qu'après l'Approbation que l'Egliſe a donnée à la doctrine de S. Auguſtin, ſur la Grace, & le libre arbitre ; on eſt obligé de la tenir pour Catholique ; quoy que l'Egliſe n'ait pas marqué preciſément quelle eſt la doctrine de ce grand Saint : Ils ne peuuent dire, ſans combattre leurs propres ſentimens, que le Pape, & les Eueſques ſe mocquent de Dieu, & de l'Egliſe, de les vouloir obliger à condamner le ſens ou la doctrine de Ianſenius ſur les cinq Propoſitions, ſans leur vouloir dire quel eſt ce ſens.

Reſponſe.

Voicy le comble de l'excez du P. Ferrier dans cette miſerable comparaiſon de la condamnation du Liure de Ianſenius, auec l'approbation de ceux de S. Auguſtin, ſur laquelle roule toute ſon Idée. On y à deſja deſcouuert pluſieurs fautes, & pluſieurs abſurditez ; mais il ſemble qu'il ſe ſoit voulu ſignaler particulierement en cét endroit, où il a ſurpaſſé tous les autres Moliniſtes, & a rendu ſa comparaiſon heretique & impie en pluſieurs manieres ; tant en ce qu'il dit de S. Auguſtin, qu'en ce qu'il dit de Ianſenius ; quoy qu'il les offenſe, & les des-honore beaucoup moins que toute l'Egliſe.

Il veut que le Pape, & les Eueſques puiſſent obliger des Theologiens à condamner d'hereſie le ſens de Ianſenius ; *ſans leur vouloir dire quel eſt ce ſens.* Et il le prouue, en diſant qu'encore que l'Egliſe ait approuué la doctrine de S. Auguſtin ſur la grace, & le libre arbitre ; neantmoins *elle n'a pas encore marqué preciſément qu'elle eſt la doctrine de ce Saint.* Il pretend donc que l'Egliſe n'a approuué la doctrine de S. Auguſtin, qu'en termes generaux ; ſans en approuuer rien en deſtail ; & que les Papes ont condamné de meſme la doctrine de Ianſenius, ſans vouloir determiner en quoy elle conſiſte : c'eſt à dire qu'ils n'ont condamné que

I

le nom de Ianſenius ; & qu'ils n'ont approuué que le nom de S. Auguſtin : en ſorte qu'il ſoit permis de condamner tout ce qui eſt dans le Liure de Ianſenius, l'Egliſe l'ayant condamné ſans aucune diſtinction ; & de condamner auſſi tous les points particulieres de la doctrine de S. Auguſtin, l'Egliſe ne l'ayant approuuée qu'en general.

C'eſt vne penſée aſſez propre pour le deſſein du P. Ferrier, & vne inuention digne d'vn franc Moliniſte ; par laquelle il a pretendu faire deux coups d'importance ; en ruïnant le Liure d'vn des principaux diſciples de ſaint Auguſtin, & auec luy ceux de ſes autres diſciples ; & tout enſemble ceux du maiſtre meſme, & du chef, qui eſt ce grand ſaint ; en ſorte qu'il n'y ait plus rien qui puiſſe empeſcher le cours du Moliniſme, & l'ambition des Ieſuites. Car ſelon ce principe, la doctrine de S. Auguſtin n'aura eſté approuuée de l'Egliſe qu'en apparence ; & ſon approbation luy ſera entierement inutile ; ſa doctrine ne laiſſant pas d'eſtre expoſée en toutes ſes parties à la condamnation & à la cenſure des Moliniſtes, & de tous les eſprits legers ; comme au temps de fautes, de Caſſien, & des autres Semipelagiens, & deuant qu'elle euſt eſté approuuée par l'Egliſe. Car ils ont attaqué la doctrine de ce grand Saint auec plus de modeſtie, auſſi bien qu'auec plus d'eſprit, que les Moliniſtes ; ayant toûjours épargné ſon nom, & ne s'eſtant iamais déclarez ouuertement contre luy dans leurs Liures, comme les Moliniſtes font tous les iours, dans les leurs.

Mais l'herreur & l'audace du P. Ferrier a eſté clairement condamnée par le ſaint Siege, pluſieurs ſiecles deuant qu'il fuſt n'ay. Car ſi l'Egliſe, *n'a pas encore marqué preciſément qu'elle eſt la doctrine de ſaint Auguſtin qu'elle à approuuée*, comme il dit dans ſon Idée, & encore plus clairement dans ſa relation, *qu'elle l'a approuuée ſeulement en general, ſans auoir iamais déclaré en particulier qu'elle eſt cette doctrine*, il faut que le Pape *Hormiſdas ſe ſoit trompé l'ourdement*, lors qu'il a eſcrit à vn Euefque d'Affrique que les articles de la doctrine de ſaint Auguſtin que l'Egliſe approuuoit, *ſe voyoient dans la Bibliotheque de l'Egliſe, & qu'il les luy ennuoyeroit s'il le deſiroit* : Et il faut qu'il ait trompé ce meſme Euefque, en luy declarant, *qu'on pouuoit connoiſtre dans diuers ouurages de ſaint Auguſtin, & particulierement dans ceux qu'il a addreſſé à ſaint Proſper, & a ſaint Hylaire, ce que l'Egliſe Romaine, & Catholique tenoit auec certitude, & enſeignoit touchant la grace & le libre arbitre*. Car ſi l'Egliſe Romaine n'auoit point déclaré en particulier qu'elle eſtoit la doctrine de S. Auguſtin qu'elle ſuiuoit, & qu'elle approuuoit dans ſes Liures ; il eſtoit impoſſible de l'y reconnoiſtre ; & le Pape Hormiſdas ſe feroit moqué de ceux qu'il renuoyoit à ces Liures pour l'y voir. Il témoigne donc non ſeulement que l'Egliſe Romaine auoit approuué les veritez particulieres de la doctrine de S. Auguſtin ; Mais auſſi qu'elle auoit approuué, ſans exception, la doctrine de ces Liures ſur ces matieres, & particulierement dans ceux de la predeſtination, & de la per-

pag. 14.

De libero arbitrio & gratia Dei, quid Romana, hoc eſt Catholica, ſequatur & aſſeueret Eccleſia, licet in varijs libris Beati Auguſtini, & maximê ad Hilarium & Proſpe-

fenerance ; où il s'eft expliqué plus fortement & plus ample ment qu'ailleurs. Car fi elle n'euft reçeu qu'vne partie de fa doctrine, & n'on l'autre ; ceux qui euffent cherché dans ces Liures la doctrine de l'Eglife Romaine, ne l'y euffent pû difcerner ; ils fe fuffent aifément trompez, en
prenant l'vne pour l'autre.

rum, poffit cognofci tamen in fcrinijs Ecclefiafticis expreffa ca-

pitula continentur, quæ fi tibi defunt & neceffaria creditis, deftinabimus. *Hormifdas Epift.*
70. ad poffeff.

Le feul tefmoignage de ce Pape fuffiroit contre le P. Ferrier: mais il
n'eft pas moins clairement condamné par le Pape, faint Celeftin, qui re-
prend les Euefques de France, de ce qu'ils fouffroient que ces Preftres
combatiffent les fentimens de ce Docteur de la grace, & l'accuffoient de
s'eftre emporté au delà des bornes de la verité, qui eft le reproche ordinaire que luy font encore au iourd'huy les Moliniftes. Il déclare donc
ouuertement que l'Eglife Romaine approuuoit les Articles particuliers de la doctrine de S. Auguftin, qui eftoient attaquez par ces Preftres ; & qu'ils auoient efté approuuez par fes predeceffeurs. Ce que faint
Profper tefmoigne clairement en difant ; *que ce Pape ayant impofé filen-*
ce aux aduerfaires de ce grand Saint, loüa les pieux fentimens des Liures
qui leur déplaifoient, parce qu'ils eftoient dans l'herreur ; & déclara par
des paroles claires, de quel poids & de qu'elle authorité ils doiuent eftre
dans l'efprit des fidelles. Ce mefme Pape à encore marqué en dix Articles, les points principaux de cette doctrine, que fes predeceffeurs
auoient approuuez, & qu'il approuuoit auec eux, comme celle de l'E-
glife. Il eft certain auffi que tous les decrets & les lettres des Conciles
d'Affrique contre les Pelagiens, lefquels les Papes Innocent, Iozime &
Boniface ont loüez & authorifez fi hautement, ont efté les ouurages de
faint Auguftin. Et les Peres du fecond Concile d'Aurange tefmoignent
que le faint Siege leur auoit enuoyé les Articles de la grace & du libre arbitre, dont ils ont compofé leurs Canons, qui prefque tous tif-
fus des propres paroles de faint Auguftin. Le Concile de Trente à fuiuy
cette mefme reigle, en formant auffi des termes de fes ouurages, les
Canons qu'il a faits, touchant la grace, & les chofes principales qu'il
en a dit contre les herefies de ce temps,

Celeft ep. 1.
ad epifc.
gall.

Magiftris noftris tanquam neceffarium modum ex-cefferint obloquun-tur.

Per hunc virum in-tra Galliac iftis ipfis qui Sanctae memoriae Auguftini fcripta re-prehendüt, maleloquë-tia eft ad-empta s libertas s quando cô-fultantium actione fuf-cepta, & librorum qui erranti-bus difpli-

cebant, pietate laudatâ, quid oporteret de eorum authoritate fentiri, fancto manifeftauit elo-
quio. *S. Profper contra Collat c.*

Pauca capitula ab Apoftolica nobis fede tranfmiffa, quæ ab antiquis Patribus de certis fcri-
pturarum voluminibus, in hac precipue caufa collata funt, &c. *Conc. Araauf. 2. c. 1. Conc.*
Trid feff. 6.

Mais pour toucher d'auantage le P. Ferrier par les paroles d'vn de fes
Confreres, qui ne luy fçauroit eftre fufpect ; puis qu'il n'eft pas moins
ennemy que luy du Liure de Ianfenius, & de la doctrine de faint Auguftin ; ny moins paffionné pour la defenfe du Molinifme ; ie le prie de confiderer ce que la force de la verité l'a contraint de publier ; *Qu'encore que*

Ecclesia Romana et si non omnia quæ aduersus Pelagianos à S. Augustino scripta sunt, in Fidei Canones retulerit, nihil tamen contra eosdem hæreticos decrenit quod à Sancto Augustino non sumpserit

l'Eglise Romaine n'ait point fait de Canons de foy de tout ce que S. Augustin a escrit contre les Pelagiens ; elle n'en a neantmoins fait aucun contre eux, qu'elle n'ait pris de luy. Que les decrets des Conciles, & ceux des Papes, par lesquels l'heresie Pelagienne a esté destruite, ont esté tirez des Liures de S. Augustin, contiennent sa doctrine, & sont exprimez par ses propres termes. Qu'il a esté la langue de l'Eglise ; & que les mesmes paroles, qui n'estoient auparauant que de S. Augustin, sont deuenus les oracles du S. Esprit : en sorte que nous deuons reuerer les articles de la doctrine de ce saint, comme ayant esté Canonisez par le Siege Apostolique. Comment peut-on dire après cela, sans renuerser la foy, & l'authorité des Papes, des Conciles, & de toute l'Eglise ; qu'elle n'a approuué la doctrine de S. Augustin, qu'en general ; sans auoir iamais marqué en particulier qu'elle est cette doctrine qu'elle approuue. N'est-ce pas dire ouuertement qu'elle n'approuue pas les decrets des Conciles, & des Papes, & qu'elle permet de les reuoquer en doute & de les combattre.

P des champs lib. 3 disp. 1. c. 5. n. 1.

Conciliorum Sanctiones & Romanorum Pontificum Edicta quibus Pelagiana Hæresis iugulata occubuit, Sancti Augustini doctrinam continent S. Augustini verbis exprimuntur. Quæ prius fuerant Augustini voces, Spiritus-sancti oracula esse cœperunt Ib.

Fuit lingua Ecclesiæ ibid. Augustinianæ doctrinę capita tanquam ab apostolica sede consecrata venerari debemus. ibid.

Aussi il est manifeste qu'elle n'a pû approuuer la doctrine de la grace & du libre Arbitre de S. Augustin ; sans en approuuer pour le moins les maximes fondamentales, & les conclusions principales, dans lesquelles elle est renfermée, & sans lesquelles elle ne peut subsister, & sur tout celles qu'il asseure luy-mesme appartenir à la foy, & ne pouuoir estre contestée sans erreur. Tels sont les douze articles qu'il explique en sa lettre à Vital ; quoy qu'il y en ait quelques-vns qu'on ne laisse pas de contester aujourd'huy impunement ; & celuy de l'efficace de la grace, & de la predestination deuant les merites, dont il parle auec tant de certitude, que quoy qu'il fust vn des plus humbles hommes de l'Eglise, & le moins auantageux dans ses paroles, ou dans ses pensées, il ne craint point de dire qu'on n'y peut point resister, sans erreur & sans ruiner la foy de l'Eglise. *Hoc scio contra istam prædestinationem, quam secundum scripturas sanctas defendimus, neminem nisi errando, disputare potuisse.* Et plus bas : *Prædestinationis huius fidem, que contra nouos hæreticos, noua nunc sollicitudine defenditur, nunquam Ecclesia Christi non habuit.* C'est pourquoy S. Prosper asseure que, *c'est vne aussi grande impieté de la contredire que de combatre la grace, & que non seulement l'Eglise Romaine & celle d'Affrique ; mais aussi tous les enfans de la promesse ou de la grace de Dieu, respandus par toute la Terre, estoient vnis auec luy dans la Confession de la grace, comme dans toute la foy Catholique.* Et saint Fulgence dans les Liures qu'il à escrit, *de la predestination & de la grace,* suiuant les principes de saint Augustin ; declare que cette doctrine est *de tradition Apostolique*

S. Aug. ep. 107. ad vital.

S. August. de dono perseu c. 19

Ibid. c 13.

Quod tam impium est negare, quâ ipsi gratiæ contradicere.

S. Prosp. epist. ad Ruffi.

Non solû Romanam Affricanam.

ftoliques, receuë d'vn commun confentement dans l'Eglife par tous les Peres ; Que S. Auguftin à trauaillé auec plus de plenitude que les autres, pour la fouftenir ; & que Dieu en a donné par fon miniftere vne connoiffance plus parfaitte à fes fidelles feruiteurs. Qu'il a brisé tous les Argumens, & tous les artifices des ennemis de la grace, par la grace mefme : & qu'il n'a pas feulement triomphé d'eux ; mais qu'il a appris à la pofterité la maniere de les combatre, & de les vaincre, s'ils ofent s'efleuer aprés vne fi grande defaitte. Et enfin que tous ceux qui veulent acquerir le falut Eternel, doiuent lire fes Liures, en priant Dieu de leur donner le mefme efprit d'intelligence, pour entendre fes paroles qui luy a donné pour les efcrire.

namque Ecclefiam, fed per omnes mundi partes, vniuerfos promiffionis filios cum doctrina huius viri, ficut in tota fide, ita etiam in

Confeffione Gratiæ congruere. *ibid.* Hæc Catholicorum Patrum Apoftolicis, inftitutionibus tradita permanet in Ecclefijs, fine aliqua dubitatione, doctrina &c. In qua B. Auguftinus indutus virtute ex alto abundantius illis omnibus laborauit, &c. Ipfius mini_terio Dominus vberiorem huius rei fidelibus fuis inftitutionem præbuit &c. Non folum ipfe de hofte victoriam referens triumphauit quin etiam pofteris certandi & vincendi ordinem, fi quando victa prauitas rediuino aufu infandum caput erigere niteretur oftendit, &c. Hunc legat omnis qui falutem æternam adipifci defiderat, humiliter orans mifericordiæ Dominum, vt eundem Spiritum intelligendi legens accipiat, quem ille accepit vt feriberet, *S. Fulg. Lib. 1. de verit prædeft. & Grat. c. 18.*

C'eſt ce qui à fait dire au Cardinal Bellarmin, quoy que Iefuite, *que le Siege Apoftolique a iugé, non vne fois, mais deux & trois fois, contre les Simepelagiens, en faueur de ceux qui ont defendu la grace & la predeftination fuiuant S. Auguftin ; en forte que cette doctrine, n'eſt plus vne opinion particuliere ; mais la Foy de l'Eglife catholique.* Et pour les mefmes raifons le Cardinal du Perron l'a honoré comme la langue & la voix de l'Eglife, en cette matiere, l'appellant *le plus grand Docteur au point de la predeftination, qui ait efté depuis les Apoftres ; voir l'organe & la voix de l'ancienne Eglife pour ce regard.*

Il n'en faut pas d'auantage, pour faire voir que le P. Ferrier attaque ouuertement la Foy de l'Eglife & du faint Siege, & la donne en proye à l'impieté & au libertinage ; en ofant publier que l'Eglife n'a iamais approuué aucun point particulier de la doctrine de S. Auguftin, touchant la grace & le libre arbitre ; puifque c'eſt affeurer qu'elle n'a iamais approuué les decrets des Conciles & des Papes fur cette matiere ; & qu'elle permet de ne les croire pas, & de les combatre ; eſtant certain qu'ils ont eſté tirez de la doctrine de faint Auguftin, & qu'ils font prefque tous formez de fes penfées, & de fes propres paroles.

Il n'y a donc point d'herefie plus affeurée ; & ie ne fçay comment le P. Ferrier eſt tombé dans ce precipice, encheriffant par deffus tous ce que les autres Moliniftes ont efcrit iufques à preffent, pour rabaiffer l'authorité de faint Auguftin, & pour empefcher qu'il ne fuſt leur iuge ; reconnoiffant la contrarieté de leurs nouuelles opinions, auec fa doctrine ancienne, & Apoftolique, comme les Peres la nomment. Ils en ont parlé auec vne irreuerence, & vne infolence incroyable. Ils ont eu l'affeurance de dire que faint Auguftin *a eſté enuironné de nuages, dont il n'a pû*

Dum fubea quafi caligine D. Auguftinus ad hæc non attendit. Molina e. c. qu. 23. a 4. difputat 1 memb. 6. & ibid. num vltimo

K

Ex opinione auguftini cogimur incidere in fententias pelagij.
Vafquez. 1. 2. difp. 132. c. 3.
Mihi in hac parte non probatur fententia B. Auguftini, fed exiftimo aliter philofophandum idem. ibid. difp 193. c. 4.
P. Adam. pag. 614. 625. 626.

pag. 622.
pag. 617.
pag. 623.
pap. 637. 650. 665.
P. des chaps lib. 3. difp. 1. c. 3. n. 3.

Baron. An. 490. n. 36.

Nec vnquá hunc finiftræ fufpicionis faltem rumor afperfit.
Caleft ep. 1. ad Epift. Gal.
Magiftris noftris tanquam necefîarinc n dum exefferium modū exceflerint obloquuntur. ibid.

fe degager. Qu'il à donné lieu aux herefies des Pelagiens, des Lutheriens, & des Caluiniftes. *Que fes opinions ne leur plaifent pas. Que fa doctrine eft tres embarraffée : qu'il n'y en a point qui le foit dauantage. Que fes Liures font couuers de tenebres & de nuages. Qu'il n'a pas refpondu nettement aux obiections de fes aduerfaires, & à la plainte qu'ils faifoient contre la doctrine de la predeftination, & de la grace. Qu'il a paffé les bornes de la verité ; qu'il s'eft trop échauffé à la difpute, & qu'il a fauorifé en apparence les heretiques.* Et pour comble de l'impudence, ils adiouftent : *Qu'il eft vray que ces paroles feroient innocentes, fi elles n'eftoient veritables.* C'eft ce qui fe lit dans le Liure du P. Adam Iefuite, Imprimé dans Paris, auec l'Approbation des Theologiens de la focieté, & du P. de Lingendes Prouincial ; qui deuoient au moins auoir horreur de l'impieté auec laquelle il eftend fur tous les Peres, & iufques aux *Autheurs canoniques* les mefmes excez, & les mefmes foibleffes qu'il attribuë à S. Auguftin ; les appellant *extrauagances faintes, & efgaremens innocens*, fans efpargner l'Apoftre S. Paul, non plus que les Prophetes ; n'ayant point de honte de dire *que lors qu'il louë la Loy dans fa lettre aux Romains, il donne des armes à Caluin, pour appuyer fon herefie.* Enfin ils ramaffent tout ce que quelques Autheurs nouueaux qui ont difputé contre les Lutheriens & les Caluiniftes, ont efcrit au defauantage de faint Auguftin ; les vns l'accufant d'auoir bleffé le libre Arbitre ; les autres d'auoir fouftenu vne mauuaife caufe contre les Simepelagiens, la doctrine defquels ils preferent à la fienne ; au lieu de confiderer que ces Autheurs n'ont parlé de la forte, que par defaut de lumiere, comme le Cardinal Baronius l'a remarqué ; n'entendant pas affez la doctrine de l'Eglife pour la defendre contre les heretiques ; n'y celle des heretiques, pour la diftinguer de celle de l'Eglife, & la combattre par les armes de la mefme Eglife ; qui font feuls iuuincibles, & non pas celles de leur raifon & de leur Efchole ; qui feront toûiours foibles, & plus propres pour confirmer les heretiques dans leurs erreurs, que pour les en retirer, comme on ne le voit que trop par l'experience.

Mais quoy que les excez de ces Moliniftes, contre S. Auguftin foient fi eftranges & fi enormes, & qu'ils ayent efté condamnées il y a douze cens ans par le Pape S. Celeftin, qui declare *qu'il n'a iamais efté foupçonné d'aucune erreur* ; & parle auec tant de zele contre les Semipelagiens, qui l'accufoient *d'auoir paffé les bornes de la verité, & d'eftre tombé dans des extremitez dangereufes*, comme parlent les Moliniftes. Il faut auoüer neantmoins qu'ils ne font pas allez fi auant que le P. Ferrier dans le mefpris & le rabaiffement de S. Auguftin. Car quoy qu'ils ayent defcrié quelques vnes de fes maximes ; ils ont auoüé qu'il y en a d'indubitables, & approuuées par l'Eglife ; & qui doiuent eftre creües de tous les Catholiques. Mais le P. Ferrier feul, ayant le front de nier que l'Eglife en ait approuué aucune en particulier, les deshonore toutes enfemble, & les expofe à la condamnation & au caprice des moindres hommes, fans en excepter vne feule ; iuſtifians ainſi les Semipelagiens, qui les ont combatuës, & condamnant les Peres, les Papes, & des Conciles qui ſe ſont oppoſez à leur temerité, comme impie, & contraire à la Foy & à l'authorité de l'Egliſe. Car ſi elle n'a approuué aucun point particulier de la doctrine de S. Auguſtin ; les Semipelagiens qui ne reprenoient que des points particuliers de cette doctrine, l'approuuant & la loüant en tout le reſte ; & qui combatoient ces points particuliers, en reſpectant ſaint, Auguſtin, & en eſpargnant ſon nom, comme il paroiſt par Fauſte à Caſſian n'eſtoient pas blaſmables, & ne le ſont pas encore ; mais pluſtoſt les Peres & des Conciles qui les ont condamnez d'hereſie ; quoy qu'ils ne s'oppoſaſſent qu'à des points particuliers qui n'auoient pas eſté approuuez par l'Egliſe, ſelon le P. Ferrier ; & qui par conſequent ne pouuoient eſtre de Foy.

L'hereſie de la Propoſition du P. Ferrier eſtant donc manifeſte, & entierement inexcuſable ; la nullité & la conſequence qu'il en à tirée n'eſt pas moins viſible. Il a voulu conclure que l'Egliſe ayant approuué la doctrine de S. Auguſtin ſeulement en general, ſans en approuuer preciſément aucun point ; elle a pû condamner en la meſme maniere la doctrine du Liure de Ianſenius, ſans vouloir dire en quoy elle conſiſte. Mais il faut conclure au contraire, ſelon la verité ; que l'Egliſe ayant determiné les points qu'elle approuuoit, & qu'elle obligeoit tous les fidelles d'approuuer dans la doctrine de S. Auguſtin ; elle n'a pas pû condamner autrement celle du Liure de Ianſenius ; n'y obliger les fidelles de la condamner, ſans la leur marquer expreſement.

Ce raiſonnement eſt plus iuſte, plus ſolide, & plus fidelle que celuy du P. Ferrier, dont il eſt difficile de marquer tous les defauts. Car il deſhonore extremement l'Egliſe, & luy fait vne grande playe ; en la croyant capable de publier des iugements, vagues & confus, & des condamnations & Approbations qui n'auroient aucun ſens, n'approuuant & ne condamnant rien en particulier. Il eſt clair qu'elle n'approuue les veritez, & ne condamne les erreurs, que pour inſtruire ſes enfans, & leur apprendre ce qu'ils doiuent ſuiure, & ce qu'ils doiuent faire. Il faut donc qu'elle leur monſtre, & qu'elle leur faſſe voir diſtinctement l'vn & l'autre ; ou bien elle ſe mocqueroit d'eux, & ſe contrediroit elle meſme ; en ne leur propoſant que des condamnations, & des Approbations generales, ſans leur repreſenter clairement le bien & le mal, la verité & l'hereur, & les laiſſant dans le doute & dans l'ignorance de l'vn & de l'autre. De ſorte qu'elle leur feroit des commandemens ridicules & impoſſibles, en leur ordonnant de fuir & d'embraſſer des ombres, & des Idées inconnuës qui n'auroient rien de réel ; eſtant certain que ce qui n'eſt qu'en general, n'eſt rien en effet ; les choſes ne ſubſiſtant réellement, que dans vn eſtat particulier & indiuiduel.

Mais elle ſe condamneroit elle meſme d'vne iniuſtice manifeſte ; ſi elle approuuoit où condamnoit ce qu'elle ne connoiſtroit pas ; ou bien ſi le connoiſſant, elle ne vouloit pas l'apprendre à ceux de la conduite & de l'inſtruction deſquels Dieu la chargée ; ou ſi elle leur commandoit de condamner ou d'approuuer, ce qu'ils ne connoiſtroient pas, & de le deteſter comme impie ; ou de le reuerer comme Catholique. Et cette iniuſtice retourneroit contre Dieu, parce que l'Egliſe ne parlant qu'en ſon Nom dans ſes deciſions de Foy, & ne les propoſant que comme la parole de Dieu, & du S. Eſprit ; elle declaroit *Dieu autheur* de cette iniuſtice, & de ce deſordre ; & teſmoigneroit fauſſement qu'il a propoſé des Articles de Foy inconnus, & indeterminez, dont on n'a iamais ouy parler dans le Chriſtianiſme. Si Dieu n'a pas voulu traitter les fidelles d'vne maniere ſi iniuſte & ſi deraiſonnable ; il n'a pas donné ce pouuoir à l'Egliſe : & ſi elle ne peut pas approuuer de la ſorte les veritez de Foy, & la doctrine d'vn Autheur ; elle peut beaucoup moins condamner ainſi les erreurs & les hereſies. Car quoy qu'il faille eſtre circonſpect, & apporter tout le ſoin & toute la circonſpection neceſſaire, pour ſçauoir ce que l'on approuue ; il faut eſtre encore plus exact, pour ſçauoir ce que l'on condamne, parce que la condamnation eſtant plus odieuſe ; elle à beſoin d'vne connoiſſance plus abſoluë, & d'vne conuiction toute entiere. C'eſt pourquoy elle eſt ſuiette à plus de formes, & d'obſeruations, & de recherches : au lieu que pour abſoudre, & pour approuuer, il ſuffit de ne voir point de mal. Il eſt donc impoſſible que l'Egliſe, ſuiuant la conduite de l'Eſprit de Dieu, condamne d'hereſie vn Autheur, ſans voir euidemment ſon hereſie ; où qu'elle oblige les fidelles à la condamner, ſans la leur marquer, & la leur monſtrer ſi clairement, qu'ils ne s'y puiſſent pas tromper. Et autrement elle ſeroit reſponſable des iugemens temeraires qu'ils feroient, en condamnant ce qu'ils ne connoiſtroient pas ; & des erreurs ou ils pouuoient tomber par ignorance, en s'engageant, ſans y penſer, dans des hereſies condamnées, qu'elle leur auroit cachées volontairement, comme ſi elle eut eu deſſein de les ſurprendre. Ce qui eſt trop indigne de la Mere des fidelles ; qui leur doit ſeruir de Maiſtreſſe & de guide, pour marcher ſeurement dans la verité, & euiter tous les pieges des erreurs & des hereſies.

Suitte de la neufieſme Propoſition du P. Ferrier.

Mais les Ianſeniſtes ne peuuent pas nier, qu'ils ne ſe moequent eux meſmes de Dieu, & de l'Egliſe, quand ils demandent qu'on leur monſtre quel eſt ce ſens, ou cette doctrine de Ianſenius. Car s'ils ſçauent quel eſt le ſens de Ianſenius, ſur les cinq Propoſitions ; ils ſont ridicules, de demander qu'on leur enſeigne vne choſe qui leur eſt connuë ; s'ils ne ſçauent point quel eſt ce ſens ; Ils ſont doublement coupables, de-
uant

uant Dieu , & deuant les Hommes ; de publier qu'ils sont
conuaincus, que le sens de Iansenius est Catholique ; quoy
qu'ils ne sçachent point quel est ce sens ; & de refuser de se
soumettre à la decision de l'Eglise, dans vne matiere qui
leur est d'ailleurs inconnuë.

Responfe.

Voicy encore vne des subtilitez du P. Ferrier qui retombera sur luy
mesme, comme les autres. Il s'agit du mauuais sens des cinq Propositions, que les Molinistes veulent qu'on attribuë à Iansenius , & qu'on
condamne dans son Liure ce mauuais sens, est entierement inconnû à
ceux qu'ils accusent de le tenir ; c'est donc à eux de le leur faire voir clairement & euidemment ; en sorte que tous les hommes raisonnables en
soient persuadez ; puis qu'il est contre toutes sortes de Loix diuines &
humaines de condamner qui que ce soit, s'il n'est conuaincu. Mais au
lieu de cela, les Molinistes n'osent pas seulement dire quel est ce mauuais sens de Iansenius qu'ils accusent de tenir ceux qui ne s'en sentent
pas coupables. Et quand on les somme de le descouurir ; le P. Ferrier
respond que les Iansenistes le sçauent bien ; comme s'il n'estoit pas hors
de toute apparence de raison , de vouloir que l'accusé deuine le crime
dont on l'accuse ; & sur tout lorsque l'accusateur n'a pas seulement l'af-
seurance de le proposer. Comme donc vn Iuge est obligé d'absoudre
l'accusé, & de declarer l'accusation iniuste , & calomnieuse , lors qu'on
ne prouue rien contre luy, & qu'on ne marque pas les particularitez &
les circonstances principales du crime : Ainsi il n'y a Iuge dans l'Eglise
n'y hors l'Eglise, qui se puisse excuser de declarer l'innocence de ceux
que les Molinistes accusent d'vn mauuais sens, dont ils ne marquent que
le nom, & de condamner la malice de leurs accusateurs.

Mais *si les Iansenistes*, dit le P. Ferrier, *ne sçauent pas quel est le sens de*
Iansenius ; Ils sont coupables de soutenir qu'il est Catholique. I'ay honte de m'arrester à vne chicanerie si basse, & semblable aux autres equiuoques, dont il a formé toute son Idée ; mais ie luy respons en vn mot,
que ceux qu'il appelle Iansenistes croient que le sens qu'ils reconnoissent dans le Liure de Iansenius, & qui y est veritablement selon eux, est
bon. Mais ils ne sçauent pas quel est le mauuais sens que les Iesuites les
veulent contraindre d'y voir, & de le condamner comme s'il y estoit :
Et ils ne croyent pas que ce mauuais sens inconnu ait esté condamné
par l'Eglise, n'y qu'elle veille obliger personne de le condamner. Ils l'honorent plus que ne font les Iesuites, & ils ont vne opinion plus auanta-
geuse de sa Iustice, & de sa sagesse. Ils estiment qu'elle n'a condamné les
cinq Propositions que dans leur sens propre & naturel, qui est Heretique & impie ; lequel aussi ils condamnent auec elle ; Et que c'est ce sens

L.

propre & naturel des cinq Propositions, que les Papes ont appellé
sens de Ianfenius ; en suppofant qu'il eftoit clairement dans son Liure,
comme on le leur auoit fait entendre. De forte qu'en ordonnant qu'on
condamne les cinq Propositions dans le fens de Ianfenius ; ils ordonnent qu'on les condamne dans le sens propre & naturel qui eft fignifié
par leurs termes : Et ceux qui les condamnent de la forte, les condamnent dans le fens de Ianfenius, felon les Papes ; c'eft à dire,
dans le fens qu'ils appellent fens de Ianfenius : puis qu'ils les condamnent, fans excepter aucune erreur, n'y aucun mauuais fens qui
ait efté condamné. Et ainfi ils fatisfont au defir du Pape, quoy
qu'ils ne donnent pas à ce mauuais fens le nom qu'il luy donnent. Car
l'exception de ce feul nom ne regardant point la Foy, ne peut porter aucun préjudice à la leur. C'eft ainfi que les Difciples de faint Auguftin
entendent le fens de Ianfenius, qui a efté condamné par les Papes, & fi
les Iefuites en vouloient demeurer d'accord ; on ne leur reprocheroit pas
d'exiger la condamnation d'vn fens qu'on ne connoift point. Mais ils
n'ont garde d'approuuer vne refponfe fi raifonnable, parce que tout le
monde verroit clairement que ceux qu'ils accufent d'herefie, n'ont aucune erreur en la Foy, & condamnent toutes les erreurs, & les mauuais fens que les Papes ont condamnez dans les cinq Propositions ; en
forte qu'il n'y auroit plus lieu de les defcrier, & de les faire perfecuter en
qualité d'heretiques, felon le defir violent du P. Ferrier, & de tous les
Moliniftes. C'eft pourquoy ils pretendent qu'outre le fens naturel des
cinq Propositions ; il y en a encore vn qui a efté condamné dans ces Propositions, comme fens de Ianfenius : & c'eft ce fens qu'ils n'expriment
point, & qu'ils n'exprimeront iamais ; afin d'ofter à ceux à qui ils l'imputent, le moyen de fe iuftifier, & pour conferuer toûjours le pretexte
de les diffamer, en troublant l'Eglife pour l'intereft & l'ambition iniufte
de leur compagnie. C'eft pour cette raifon que le P. Ferrier foufticnt
que l'Eglife à pû condamner ce fens miftique, ou pluftoft fantaftique ;
fans vouloir declarer quel il eft ; & obliger tout le monde à le condamner fur peine d'herefie, fans fçauoir ce que l'on condamne : qui eft la
pretention de toutes la plus deraifonnable, & la plus contraire au fens
commun ; fur laquelle neantmoins ils fondent vne accufation d'herefie,
& vne tempefte qui n'a eu rien de femblable dans tous les fiecles paffez ;
n'y ayant iamais eu de perfecuteurs affez aueugles, pour contraindre les
hommes à condamner des chofes inconnuës, fans les leur vouloir feulement exprimer.

Dixiefme Propofition du P. Ferrier.

*Le fait du Pape Honorius, qu'on dit auoir efté condamné par
le fixiefme Concile, pour auoir enfeigné l'erreur des Monothelites. Et le fait de Theodoret, auquel le cinquiefme Con-*

eile attribuë les impietez de *Neftorius*, ne iuftifient point
l'obftination des *Ianfeniftes*. Car outre que les *Theologiens*
ne demeurent pas d'accord touchant ces faits ; i'adjoufte que
le point capital de la conteftation prefente ne confifte pas dans
vn fait ; & que fi les *Ianfeniftes* paffent pour *Heretiques*,
ce n'eft pas pour refufer de croire vn pur fait : Mais parce
qu'ils s'oppofent ouuertement à la decifion de l'Eglife touchant vn droit ; & qu'ils fouftiennent conftamment que la
doctrine de *Ianfenius* fur les cinq Propofitions, eft fans
erreur ; quoy que l'Eglife l'ait condamnée comme Heretique. Et il eft bien eftrange, que les faits d'*Honorius* & de
Theodoret n'empefchent point que les difciples de *Ianfenus*
ne condamnent d'herefie ceux qui voudroient foutenir que la
doctrine de faint *Auguftin* fur le fujet de la Grace & du
libre arbitre, eft Catholique, aprés que l'Eglife l'a recon-
neuë pour Catholique ; & que neantmoins ils pretendent que
ces mefmes faits nous doiuent empefcher de les condamner
iuftement comme heretiques, quand ils s'obftinent à fouftenir que la doctrine de *Ianfenius* eft Catholique, aprés que
l'Eglife l'a condamnée d'impieté, & d'herefie.

Refponfe.

Tout cecy ne merite plus de refponfe. Ce ne font que les mefmes
équiuoques, les mefmes deffaites, & les mefmes fauffetez qui ont efté
fi fouuent rebattuës, & fi fouuent confonduës. Il a efté clairement prouué au P. Ferrier, que de quelque cofté qu'il fe tourne, il ne fçauroit efta-
blir l'herefie dont il veut rendre coupables ceux qu'il accufe, que fur vn
fait dont il ne fe trouue rien dans la parole de Dieu ; & qu'ainfi l'herefie
de l'accufateur eft plus claire, & plus importante, que celle de ceux
qu'il accufe auec tant d'animofité & de foibleffe. Il emploiera en vain
toutes les fubtilitez, & les equiuoques qu'il a en referue, pour fe tirer
de ce mauuais pas ou il s'eft engagé ; & il n'en fortira iamais, quoy qu'il
faffe, que par la reconnoiffance de fon erreur qui eft euidente. Il a efté
monftré qu'il eft faux que ceux qu'il appelle Ianfeniftes fouftiennent la
doctrine que l'Eglife a condamnée ; puis qu'ils la condamnent auec elle,
& qu'ils refufent feulement de la nommer doctrine de Ianfenius. Ils ne
font donc differents d'auec elle qu'en vn nom, qui ne deffend que d'vn
fait : Car ils ne font difficulté de donner à cette doctrine qu'ils condamnent auec l'Eglife, le nom de Ianfenius ; que parce qu'ils ne croyent pas

qu'elle soit dans son Liure ; ce qui monstre clairement que cette question ne regarde qu'vn pur fait, & le seul nom de la doctrine condamnée, & non la doctrine en elle mesme, n'y sa qualité propre & interieure, c'est a dire sa verité ou sa fausseté. Et il est manifeste que ce terme, *doctrine de Ianfenius*, signifiant deux chofes, vne certaine doctrine, & le rapport de cette doctrine à Ianfenius, comme à l'Autheur qui l'a produite ; les disciples de S. Augustin ne contestent point la premiere; auoüant que la doctrine qui est nommée de Ianfenius dans les Constitutions est fausse & iustement condamnée. Mais ils contestent seulement la seconde ; ne pouuant confesser que cette doctrine ait esté enseignée par Ianfenius dans son Liure, & qu'elle doiue estre appellée doctrine de Ianfenius. Ils ne refusent donc de croire qu'vn pur fait, & leur question ne regarde que ce fait, & non vn droit, ou la doctrine en elle mesme, comme le P. Ferrier le suppose honteusement dans son equiuoque, voulant persuader qu'en niant que la doctrine condamnée par les Papes soit doctrine de Ianfenius; ils ne disent pas seulement qu'elle n'est point dans son Liure ; mais aussi qu'elle est vraye, & qu'ils la soustiennent comme vraye.

Mais pour luy oster le moyen d'abuser à l'aduenir de cette equiuoque, & de tromper personne par la confusion du droit & du fait, dans laquelle il se sauue toûjours, comme la Couleuvre dans la haye ; il est prié de considerer que quand on luy accorderoit que cette question est de droit & de doctrine, & non seulement de fait ; il n'en recceuroit aucun auantage, & que cette distinction est entierement hors de propos, & ne luy peut seruir de rien pour le tirer de l'heresie dans laquelle il s'est engagé, en establissant la foy dans vn fait non reuelé. Car il est certain que la parole de Dieu estant la reigle de la Foy, on ne peut mettre la Foy dans aucune chofe, qu'elle qu'elle puisse estre, soit de fait, ou de droit & de doctrine, si la parole de Dieu ne l'a reuelée : Et ce n'est pas vne moindre heresie de la mettre dans vne doctrine non reuelée, que dans vn fait non reuelé de Dieu mesme. Que le P. Ferrier pretende donc tant qu'il voudra, que ceux qui ne croyent pas que la doctrine du Liure de Ianfenius soit celle des cinq Propositions, n'y partant qu'elle soit heretique ; s'opposent à vne decision de droit, c'est a dire à vne decision de doctrine, & non à vne decision de fait ; Il sera toûjours contraint d'auoüer que la parole de Dieu ne disant, n'y dans l'Escriture, n'y dans la Tradition des Apostres, que *la doctrine de Ianfenius sur les cinq Propositions est heretique*; on ne peut soustenir que cette Proposition soit de Foy, n'y que la contraire soit heretique, & puisse rendre personne heretique ; sans renoncer à la parole de Dieu, ne la reconnoissant point pour la reigle de la Foy, & en introduisant vne autre que l'Eglise n'a iamais reconnuë.

Cela se confirme euidemment par les exemples d'Honorius, & de Theodoret, & par beaucoup d'autres semblables, ou l'Eglise a fait voir qu'elle ne condamne iamais d'heresie, que ceux qui contestent, ce qui est

dans

dans la parole de **Dieu** ; & non ceux qui ont des sentimens particuliers
sur des choses qui n'y sont pas ; souffrant qu'ils les proferent non seulement à ceux des autres, mais aussi aux siens propres, pourueu qu'ils se
tiennent dens la paix & la modestie ; & qu'ils ne soient differents d'auec
elle, qu'en des points que Dieu n'a point reuelez, & qui ne dependent
que des preuues humaines, & de la raison ou de l'authorité des hommes, quoy qu'ils soient joints auec des definitions de foy prononcées par
des Conciles Oecumeniques. Car Honorius & Theodoret ont esté condamnez beaucoup plus fortement, & plus authentiquement que Iansenius. Leurs escrits furent leus & examinez publiquement, condamnez auec Anathême, & mesme bruslez. La personne d'Honorius fust
aussi Anathematisée, & celle de Theodoret ne fust receuë, qu'aprés qu'il
eut renoncé tres expressement Nestorius, & tesmoigné qu'il se repen-
toit de l'auoir defendu contre saint Cyrille & contre le Concile d'Ephese.
Il n'y a rien de pareil dans Iansenius ; ses ennemis n'ayant pû imprimer
la moindre tâche sur sa personne, qui a toûjours esté irreprochable &
exemplaire en sa vie & en sa mort ; & son Liure n'ayant esté examiné ca-
noniquement, n'y à Rome, n'y ailleurs ; puisque les commissaires de
l'assemblée du Clergé qui furent nommez pour le voir, n'en leurent que
quelques endroits que ses aduersaires iugerent plus à propos pour donner quelque couleur à leur accusation, comme il se voit par le procez
verbal de l'assemblée generale. C'est donc vne consequence tres asseurée
& tres claire ; que s'il estoit permis de traitter d'heretiques ceux qui se-
parent le fait du droit, dans la cause de Iansenius, en reiettant l'vn, &
receuant l'autre ; Il faudroit à plus forte raison traitter de mesme ceux
qui defendent Honorius & Theodoret, contre les iugements de toute
l'Eglise en corps, beaucoup plus solemnels & plus considerables en toutes manieres. Et si on peut dire que ceux qui reçoiuent la condamnation de l'heresie imputée à Iansenius, en niant seulement qu'elle soit
dans son Liure, ne disputent pas d'vn pur fait, mais aussi de la doctrine
de Foy ; & sont heretiques, comme il plaist au P. Ferrier ; il s'ensuit inuinciblement que ceux qui approuuent la condamnation des heresies
imputées à Honorius & à Theodoret, en soustenant que leurs escrits n e
contiennent pas les heresies dont ils ont esté condamnez par toute l'E-
glise dans des Conciles Oecumeniques, ne debattent pas vn pur fait,
mais vn droit ; & defendent vne doctrine contraire à la decision de toute l'Eglise vniuerselle ; & par consequent sont heretiques, selon le P.
Ferrier. Car il n'y a rien de si aisé que de leur appliquer tout ce que ce
Pere escrit contre ceux qui n'aduoüent pas que les cinq Propositions
soient de Iansenius, en disant comme luy, *qu'ils s'obstinent à soustenir*
que la doctrine de Theodoret, & celle d'Honorius est Catholique ; quoy
que l'Eglise l'ait condamnée d'impieté & d'heresie : Qu'ils s'opposent ouuer-
tement à la decision de l'Eglise, touchant vn droit ; & partant qu'ils sont he-
retiques, & qu'on les doit condamner iustement comme heretiques, & de-

M

mander au Roy vne déclaration pour les chaftier rigoureufement. Que diroit à cela le P. Ferrier. Comment fe tireroit-t'il de ces embarras, qu'en reconnoiffant le fophifme & la mauuaife foy auec laquelle il a voulu faire paffer pour heretiques & ennemis de l'Eglife, ceux qui font plus fidelles, & plus innocents que luy.

Car quand à ce qu'il dit que les Theologiens ne font pas d'accord touchant ces faits, c'eft à dire touchant ceux de Theodoret & d'Honorius; Il n'y a iamais eu de Theologien, qui ait nié que les efcrits de Theodoret n'ayent efté condamnez d'impieté dans le cinquiefme Concile Oecumenique, & mefme auec Anathême contre ceux qui les defendent : *fi quis defendit impia Theodoreti fcripta, Anathema fit.* Ceux d'Honorius furent auffi Anathematifez & bruflez dans le VI. Concile, comme il paroift par les actes. Et quoy que quelques vns de ce dernier Siecle ayent voulu douter s'ils n'auroient point efté falfifiez leur doute a efté tellement reietté des habiles gens, & de ceux qui ayment la verité; qu'il n'y a prefque plus perfonne qui y ait égard, & qui ne le tienne improbable. Que fi neantmoins le P. Ferrier veut douter auec eux d'vne chofe fi claire & fi affeurée ; il peut faire cette faute, après tant d'autres plus importantes ; mais elle ne luy feruira de rien pour fe degager de la verité qui le preffe. Car il ne fçauroit nier qu'il n'y ait pour le moins plufieurs Theologiens de fa compagnie, & beaucoup d'autres qui ne croyent pas que les actes du VI. Concile ayent efté falfifiez, & qui reconnoiffent qu'il eft veritable que le Pape Honorius a efté condamné dans ce Concile : & cela nous fuffit contre luy. Car il n'oferoit taxer d'herefie tous ces Theologiens, & beaucoup moins les déclarer heretiques ; quoy qu'ils tiennent qu'Honorius eftoit innocent, & que fes efcrits ne contiennent pas l'herefie dont il a efté condamné par toute l'Eglife. De quoy il ne fçauroit rendre d'autre raifon ; finon qu'ils n'approuuent pas l'herefie que le VI. Concile a condamnée ; mais la condamnans auec luy, ils nient feulement qu'Honorius l'ait tenuë, & qu'elle foit enfermée dans fes lettres ; quoy que ce Concile Oecumenique ait decidé le contraire. Et par cette mefme raifon il faudra qu'il confeffe que ceux qui ne reconnoiffent pas les herefies des cinq propofitions dans le Liure de Ianfenius ne laiffent pas d'eftre Orthodoxes & Catholiques ; parce qu'ils n'approuue pas ces herefies, mais les deteftent auec l'Eglife. C'eft donc auec vne iniuftice inexcufable qu'il ne leur impofe pas feulement ces mefmes herefies qu'ils deteftent ; mais qu'il les déclare formellement heretiques & ennemis de l'Eglife fur cette impofture.

C'eft auffi en vain qu'il tafche de fe fauuer par la comparaifon de l'approbation que l'Eglife à donné à S. Auguftin, la reproduifant encore, icy après en auoir remply tous les endroits de fon Idée & de fa relation, pour faire voir non feulement la folidité, mais auffi la fecondité de fon efprit. Il faut efperer que les erreurs & les herefies qu'on luy a fait voir dans cette miferable comparaifon, le contraindront enfin de l'abandon-

Con. v. collat. 8 o. 13.

ner, & de reconnoiftre qu'il a eu grand tort de la prendre pour fa principale defenfe ; puis qu'il feroit affez empefché de la defendre elle mefme. Il ne refte icy qu'à luy dire, pour luy ouurir encore d'auantage les
yeux, & luy faire voir la difference de ceux qui defendent Theodoret,
Honorius, ou Ianfenius & de ceux qui condamnent faint Auguftin,
que lors que l'Eglife a approuué la doctrine de S. Auguftin, il ne s'agiffoit que de fçauoir fi la doctrine eftoit bonne & Catholique, & non fi
elle eftoit dans fes Liures, dont tout le monde eftoit d'accord : Et au iour-
d'huy il ne s'agit pas de fçauoir fi la doctrine des cinq Propofitions eft
bonne, tout le monde auoüant qu'elle eft mauuaife ; mais feulement fi
elle eft dans le Liure de Ianfenius. Et pareillement ceux qui defendent
Honorius & Theodoret ne nient pas que la doctrine qui leur eft attribuée foit heretique ; mais feulement qu'ils l'ayent tenuë. Il y a donc
grande difference entre ces queftions ; les vnes ne regardant que ces chofes qui ne font point dans la parole de Dieu, & par confequent ne tou-
chent point la Foy ; au lieu que la doctrine de S. Auguftin a efté approuuée par l'Eglife, comme contenuë dans la parole de Dieu & dans l'E-
uangile. C'eft pourquoy ceux qui ont ofé condamner la doctrine de ce
grand Saint, ont toûjours efté condamnez d'herefie ; principalement lors
qu'ils ont auoüé que cette doctrine eftoit de faint Auguftin, comme
ont fait les Semipelagiens, & comme font encore au iourd'huy les Moliniftes, ne craignant point de dire aprés eux : *qu'elle eft contredite de tous*
les Peres, & par confequent qu'elle eft heretique : parce qu'ils déclarent
eux-mefmes qu'il eft impoffible qu'vn Docteur particulier foit oppofé à tous
les Peres, fans eftre notté d'herefie, ainfi qu'il a efté remarqué cy-deuant.
Cela n'eft pas à difputer fi cette doctrine doit porter le nom de faint Auguftin, comme l'on difpute, fi celle des cinq Propofitions doit porter le
nom de Ianfenius ; mais c'eft déclarer ouuertement qu'elle eft de faint
Auguftin, & qu'elle ne laiffe pas pour cela d'eftre heretique. Ce qui eft
doublement oppofé à la definition de l'Eglife, qui a iugé tant de fois que
la doctrine de faint Auguftin eft fans erreur, & qu'elle eft confirmée par
le confentement de tous les Peres, par l'Euangile, & par la Tradition
des Apoftres : Et c'eft pourquoy elle a efté nommée, *Euangelique*, &
Apoftolique par les mefmes Peres.

P. Adam.
pag. 584.

S. Profp.
epift ad
Rufin.

l'ay fuiuy iufques icy pas à pas le P. Ferrier, afin de rabattre toutes les
fauffes pointes de fon Idée, qui pouuoient faire de la peine à ceux qui
ne font pas accouftumez à desbroüiller des raifonnemens fophiftiques,
& à fe defendre de la chicanerie des Claffes. l'ay creu honorer la verité,
& la rendre venerable à ce Pere, en luy faifant voir qu'elle eft inuincible
de quelque cofté qu'on l'attaque ; & que les rufes & les artifices ne font
pas plus capables de la furprendre, que la force ouuerte de l'abattre.
Car elle eft fimple & prudente tout enfemble ; fortifiant par fa fimplicité ceux qui la fuiuent, comme elle les conduit, & les efclaire par fa
prudence ; en forte qu'ils marchent auffi affeurément parmy les nuages

de l'erreur, que parmy ses tenebres plus épaisses. Il ne reste donc plus que le feu & la fumée de l'Idée, c'est à dire la cholere & la fureur du P. Ferrier, auec laquelle il s'efforce d'animer toutes les puissance de la terre, pour accabler par leur authorité ceux que ses discous ne font que releuer & rendre plus considerables. Mais cette cholere est assez méprisable par elle mesme, & encore plus parce que ses emportemens ne font que les suites & les *conclusions*, comme il les appelle luy-mesme, de ses dix Propositions, dans lesquelles elles ont esté ruïnées, comme dans leurs sources. Aussi ses déclamations & ses chaleurs font si violentes & si odieuses, & choquent tellement tous les esprits moderez & raisonnables ; qu'il n'est pas besoin de se donner la peine d'en produire toutes les paroles pour les conuaincre ; & il suffira d'en rapporter le sens & la substance, & de les reduire à deux points, pour les opposer aux deux conclusions du P. Ferrier ; & monstrer à tout le monde, que les mouuemens de son Idée ne valent pas mieux que ses raisons.

Premier Point.

Que le P. Ferrier asseure, contre toutes les reigles de la raison & de la Religion, que ceux qu'il appelle Iansenistes, sont heretiques, & hors de Communion de l'Eglise. Que sa proposition est heretique & schismatique, contraire à l'authorité du Pape & des Euesques, & à tout l'ordre de la Hierarchie.

Le P. Ferrier aprés auoir agy assez long temps en Renard, commence d'agir en Lion, deschirant ses aduersaires auec furie ; les déclarant fierement heretiques & excommuniez ; & appellant à son secours le Ciel & la Terre, pour l'aider à les exterminer, c'est à dire pour accomplir les desirs de son cœur qu'il ne sçauroit executer luy mesme. I'ay peine de croire qu'il se soit precipité de son propre mouuement dans cét excez, & qu'il ne luy ait pas esté inspiré par d'autres. Car il proteste de vouloir estre moderé, & de traitter doucement ceux qu'il attaque : Et il n'y à point d'apparence qu'il ait tellement perdu la raison, qu'il puisse s'imaginer qu'il y ait de la douceur dans vn traittement si cruel & si horrible. Il auoit paru tout autre dans les Conferences, il y auoit donné des marques de retenuë & de moderation ; en sorte qu'on pouuoit croire qu'il n'estoit pas le plus deraisonnable de sa Compagnie, & que les interest du corps le rendoient plus injuste, que la disposition de son esprit. Mais il iouë maintenant vn personnage qui le rend meconnoissable ; & il y a sujet d'admirer qu'il ait pû cacher si long temps l'amertume & la violence de son ame, en se rendant semblable à ceux, dont l'Euangile dit : *veniunt ad vos in vestimentis ouium, intus autem sunt lupi rapaces.*

Son

Son procedé ne feroit pas si eftrange & si furprenant, s'il fe contentoit d'accufer fes aduerfaires de tenir des erreurs & des herefies. Cela pouroit paffer pour vne fimple ignorance, & pour vn effet de la paffion qu'il a de fe fignaler parmy les Moliniftes, en tefmoignant qu'il n'a pas efté inutile de le faire venir de Tholofe à Paris ; & qu'il fçait fe feruir de toutes fortes de figures pour pouffer les deffeins de fa compagnie plus loin que les autres. Mais depriuer de la Communion de l'Eglife par fon authorité, & de condamner comme heretiques qui doiuent eftre éuitez, ceux qui ne dépendent point de luy, & à qui il ne fçauroit rien oppofer que des equiuoques & des chicaneries indignes de gens d'honneur & d'Efprit, lefquelles ne reprefentent d'autres herefies que les fiennes ; c'eft ce qui paffe toutes les bornes de la prudence, & de la lumiere Chreftienne. Car cette calomnie ne luy eft pas échapée vne ou deux fois par la chaleur de la paffion ; mais elle eft répanduë dans toute fon *Idée*, & dans toute fa *Relation*, ou il n'a pas honte de dire que les *Ianfeniftes* doiuent eftre priuez des Sacrements, & qu'il s'eftonne qu'on les y reçoiue ; condamnant effrontément toute l'Eglife, & ne pas fuiure fon iugement ; au lieu de voir qu'il merite beaucoup plus d'eftre condamné, de ne fuiure pas le fien ; & que s'y oppofant fuperbement, il fe iette luy mefme dans le crime qu'il oppofe fauffement aux autres. Mais puis qu'il eft capable de fe perfuader que cela ne repugne pas à la modeftie Chreftienne, laquelle il a promis de garder dans fes efcrits ; il ne faut point s'eftonner fi ne voyant pas qu'il combat fes propres paroles, il ne voit pas qu'il combat les fentimens de l'Eglife & toute fa conduite ; & il paroift qu'il y a du defordre dans fon efprit.

Ie dis donc que la Propofition du P. Ferrier eft heretique, parce qu'il ne fçauroit prouuer qu'aucun des points de fait, ou de doctrine qu'il reproche à fes aduerfaires, foit oppofé à la parole de Dieu ; ny qu'aucun des points contraires fe trouue dans cette mefme parole, comme il a efté monftré plufieurs fois dans la refutation de fon Idée. Il ne peut donc fouftenir ; n'y que ce qu'il tient contre eux, foit de foy ; n'y que ce qu'ils tiennent contre luy, foit heretique ; qu'en déclarant que la parole de Dieu n'eft pas la reigle de la Foy ; & que ce n'eft pas par elle qu'il faut iuger des veritez de Foy & des herefies. Ce qui n'eft pas feulement vne herefie ; mais vne herefie qui enferme toutes les herefies, puis qu'elle renuerfe tout ce que la Foy enfeigne, en la renuerfant elle mefme, & la feparant de la parole de Dieu, qui eft tout fon appuy, fans lequel elle ne peut fubfifter en aucun de fes Articles.

Secondement comme c'eft vne herefie, de iuger des herefies fans la parole de Dieu : ce n'en eft pas vne moindre, d'en iuger fans l'authorité de l'Eglife ; & de croire qu'on la peut preuenir, en déclarant les hommes heretiques par fon propre iugement. De forte que quand l'herefie dont le P. Ferrier charge fes aduerfaires feroit auffi vraye au fond, qu'elle eft fauffe & ridicule ; il ne luy feroit pas permis de les denoncer here-

N

tiques & priuez des Sacremens, deuant que l'Eglise ait iugé si ses raisons sont legitimes, & si l'heresie dont il les accuse est bien prouuée: Et il ne peut souftenir le contraire, sans vne heresie manifeste, qui ruïne la puissance de l'Eglise & tout l'ordre de la Hierarchie; en donnant aux particuliers le pouuoir de condamner & de priuer des Sacremens & de la Communion Ecclesiastique tous ceux qu'ils s'imagineront auoir des sentimens contraire à ceux de l'Eglise.

Troisiesmement, ce n'est pas vne moindre heresie de croire que tous ceux qui ont des heresies sont heretiques; puis qu'il faudroit mettre au nombre des heretiques tant de grands Saints qui en ont eu, & qui mesme les ont defenduës auec chaleur, & tant de Catholiques qui y peuuent tomber tous les iours par ignorance, ou par infirmité humaine; comme il se voit par quantité d'exemples, & sur tout par celuy des Iesuites combatans la doctrine de S. Augustin, aprés qu'elle à esté Canonissée tant de fois par l'Eglise; & souftenans hardiment les heresies qui ont esté condamnées par les Euesques & par les Papes. Il est donc indubitable que quand le P. Ferrier auroit conuaincu d'heresie ses aduersaires; il ne pourroit pas conclure qu'ils sont heretiques & separez de la Communion des fidelles; sans former vne heresie qui renuerseroit le Ciel & la Terre, & troubleroit toutes les parties de l'Eglise, & sa Compagnie plus qu'aucune autre.

Quatriesmement, si c'est vne heresie de pretendre qu'on puisse condamner les hommes comme heretiques, sans l'hauthorité de l'Eglise; s'en est vne encore plus grande, de croire qu'on le peut faire contre l'authorité de l'Eglise. Or le Pape & les Euesques ont approuué les sentimens des Theologiens que le P. Ferrier bannit de l'Eglise & de sa Communion, en qualité d'heretiques; comme il paroist par le dernier, bref de sa Sainteté, qui a declaré saine, & Orthodoxe la doctrine des Articles qu'ils luy ont enuoyez; & les Euesques qui sont des plus fauorables aux Iesuites, les ayant consideréz, en ont porté le mesme iugement que le Pape, & ont esté contrains d'auoüer qu'ils estoient conformes à la doctrine des Escholes Catholiques, & qu'on ne les pouuoit accuser d'aucune heresie. Monsieur l'Euesque de Comenge les a encore authoriséz plus particulierement, en les adressant au Pape; & en presentant au Roy la declaration de ces Theologiens qui ne contient autre doctrine que celle de leurs articles. Ces mesmes Theologiens sont honorez de l'affection & de l'estime de plusieurs Euesques, si illustres en vertu & en lumiere, qu'il n'y en a aucun dont le iugement ne soit incomparablement plus estimable que celuy de cent Iesuites semblables au P. Ferrier. Il est donc manifeste que ce Pere ayant l'asseurance de dire, nonobstant tout cela, qu'ils sont heretiques & excommuniez; tesmoigne ouuertement qu'il est permis de retrancher les enfans de l'Eglise de sa Communion & de les mettre au nombre des heretiques, non seulement sans l'authorité de l'Eglise; mais aussi contre l'hauthorité de l'Eglise, du Pape & des

Euefques, en les tenant pour heretiques, quoy qu'ils les tiennent pour Catholiques.

Mais il eft encore plus eftrange que le P. Ferrier s'attribuë ce pouuoir inoüy de déclarer les hommes heretiques, & de les feparer de la Communion de l'Eglife, contre l'authorité de l'Eglife, du Pape, & des Euefques, fans efpargner les Euefques mefmes, & foulant aux pieds leurs perfonnes & leur dignité facrée. Car fi tous ceux qui ne veulent pas figner le Formulaire, ou ce qui eft la mefme chofe, Confeffer que l'on eft obligé de croire, fur peine d'herefie, que les cinq Propofitions fe trouuent dans le Liure de Ianfenius, font heretiques; il s'enfuit clairement que tous les Euefques qui refufent de faire l'vn & l'autre, font heretiques & excommuniez, auffi bien que les particuliers qui font dans ce mefme fentiment, & encore d'auantage; le crime d'herefie eftant beaucoup plus grand & plus intolerable dans les Euefques, qui font les Chefs de l'Eglife, que dans les autres. Il faut donc auoüer de deux chofes l'vne; ou que plufieurs Euefques celebres & venerables à toute la France font heretiques, felon le P. Ferrier, & dignes d'eftre chaffez de leurs Sieges par vne déclaration du Roy; encore qu'ils n'ayent efté condamnez par aucun iugement de l'Eglife; ce qui ne fe peut fouftenir fans herefie: ou bien qu'il n'y a point de particuliers Ecclefiaftiques, ou autres, qui puiffent eftre tenus heretiques, ny traittez comme heretiques, fur le fuiet d'vn Formulaire, ou des cinq Propofitions; fans injuftice, & mefpris vifible de tout l'ordre de l'Eglife, de la Foy, & de la raifon; n'eftant pas obligez d'eftre plus fidelles n'y plus Catholiques que les Euefques.

Cinquiefmement, le P. Ferrier n'ofe marquer aucun dogme de l'herefie qu'il attribuë à fes aduerfaires, ne les accufant que de ne vouloir pas condamner la doctrine de Ianfenius en general, fans vouloir dire qu'elle eft cette doctrine en particulier. Or il eft contre le fentiment de toute l'Eglife, & contre le fens commun de la Foy & du Chriftianifme; qu'vne herefie qui n'eft qu'en general, & qui ne fubfifte qu'en Idée & en imagination, fans auoir aucun dogme precis, par lequel on la connoiffe & on la marque puiffe eftre veritable herefie, & rende quelqu'vn veritablement heretique. Il eft donc contre le confentement de toute l'Eglife, & de tous les fiecles depuis les Apoftres, de faire des heretiques pour des herefies de cette forte; ne s'eftant iamais veu rien de femblable dans l'Eglife, n'y dans l'Efcriture, n'y dans les Peres. Et par confequent c'eft vne herefie de produire au iourd'huy de tels Monftres, & de pretendre qu'on puiffe eftre vray heretique, & digne d'eftre puny comme tel, pour vne herefie chimerique.

En fixiefme lieu le P. Ferrier ne tafche que de reftablir le Formulaire dans fon Idée, comme il a efté monftré cy-deffus, & comme il le refmoigne affez, en reprochant à fes aduerfaires de ne vouloir pas s'y foumettre. Il reftablit donc les fentimens heretiques du Formulaire, qui

font en bon nombre ; & ne tient fes aduerfaires pour heretiques , que
parce qu'ils ne veulent pas approuuer ces herefies, & particulierement
l'infeparabilité du fait & du droit, qui n'eft autre chofe que l'infaillibilité du Pape dans les faits. Car s'il n'eft pas permis de feparer les faits
d'auec le droit ou la doctrine, dans les decifions de Foy des Papes ; il eft
clair qu'on fera toûjours obligé de croire l'vn auec l'autre ; & que les
faits feront auffi affeurez que la Foy ; puis qu'ils ne pouront eftre niez
fans nier la Foy ; & qu'ainfi ils feront de Foy, auffi bien que la Foy mefme. De forte qu'on fera heretique, felon le P. Ferrier, pour ne vouloir
pas approuuer deux herefies, dont l'vne eft l'infaillibilité du Pape dans
les faits, & l'autre la transformation des faits en Articles de Foy.

Enfin comme c'eft vne des herefies des Iefuites de tenir qu'il eft permis de tuer en fecret vn ennemy, lors qu'on ne peut fe déliurer autrement du dommage qu'on croit qu'on reçoit par fa puiffance, ou par fon
credit. Le P. Ferrier pretend qu'il luy eft permis de tuer les ames de fes
aduerfaires, en les frappant d'Anathême, comme heretiques, & excommuniez, pour déliurer fa compagnie du tort qu'il penfe qu'ils luy font,
en defcouurant fes maximes pernicieufes. Car l'Excommunication eft
vne mort fpirituelle, & le dernier fupplice de la puiffance de l'Eglife.
S'attribuer donc le pouuoir de déclarer vn homme heretique & excom-
munié ; n'eft pas vn moindre defordre dans l'Eglife, que dans l'Eftat celuy d'entreprendre de tuer vn ennemy fans attendre l'Ordonnance de la
Iuftice, fous pretexte qu'il eft coupable & digne de mort. Mais le Pere
Ferrier eft encore plus hardy dans le meurtre des Ames, que fes Confreres dans celuy des corps. Car ils ne tiennent qu'on peut tuer les corps
des ennemis qu'en fecret. Et le P. Ferrier veut qu'il foit permis de tuer
les Ames en public : puis qu'il priue publiquement fes aduerfaires de
la Communion de l'Eglife, comme heretiques, donnant fujet de croire qu'il n'épargneroit pas d'auantage les corps, s'il ne craignoit peut-
eftre plus la puiffance des hommes que celle de Dieu ; & fi l'effufion du
fang corporel ne paroiffoit plus horrible, que celle du fang des Ames
qui ne frappe point les fens. Mais comme les Ames furpaffent incomparablement les corps, & la vie eternelle, la temporelle ; il eft clair que
celuy qui ne craint point de tuer les Ames de fon authorité priuée, en
les chaffant de l'Eglife par la paffion qu'il a pour fa Societé ; ne feroit pas
apparemment plus retenu pour les corps, s'il auoit pouuoir d'executer
les maximes de fa Theologie. Il eft grand defenfeur de la probabilité &
des reigles nouuelles des Cafuiftes, dont celle-cy n'eft pas la moins
confiderable.

Cela donneroit bien lieu de comparer fon herefie à celle des Ithaciens,
fi elle ne fembloit plus fuportable que la fienne. Car Ithacius Euefque
Efpagnol Chef de cette Secte, n'a efté condamné qu'à caufe du zele ex-
ceffif qu'il auoit contre les Prifcillaniftes, qui eftoient heretiques affeurez & nathematifez par l'Eglife, pour des erreurs & des crimes in-
fâmes.

fâmes. Il les pourfuiuoit auec excez ; & au lieu de fuiure l'ordre & la difcipline de l'Eglife, & d'implorer fa puiffance pour les reprimer felon les reigles de la charité & de la moderation Chreftienne, comme parlent les Peres ; il s'adreffa à l'Empereur, & fit des brigues à la Cour pour les perdre & pour les exterminer par la rigueur des loix & de la Iuftice du monde, par laquelle les vns furent condamnez à mort, les autres bannis, & les autres priuez de leurs biens. Ce qui n'arrefta pas le cours de cette herefie, mais la multiplia, & la rendit plus forte & plus orgueilleufe. L'eglife detefta cette cruauté, & Dieu confirma fon iugement par miracle. Qu'euft elle donc fait contre le P. Ferrier & contre ceux de fon party, qui paroiffent beaucoup plus emportez que ces heretiques. Car ils ne pourfuiuoient que des heretiques deteftables, condamnez par l'Eglife ; & ceux-cy pourfuiuent des Catholiques approuuez par le Pape & par les Euefques, & d'vne vertu connuë & irreprochable. Ils n'auoient recours à l'Empereur que pour foumettre ces heretiques à des peines temporelles ; Et ceux-cy preffent le Roy pour luy faire déclarer heretiques, & dignes des peines fpirituelles & temporelles, ceux contre lefquels l'Eglife n'a ordonné rien de femblable, & qui n'ont efté iugez par aucune puiffance legitime & canonique. Les Ithaciens vouloient que l'Empereur fuiuit & executaft auec trop de force le iugement de l'Eglife, & le P. Ferrier veut que le Roy le preuienne par vne déclaration, qui commandant de tenir pour heretiques des perfonnes que l'Eglife n'a pas condamnées, ne fçauroit auoir d'autres bornes dans leur punition, que celle que la clemence de faMajefté y voudroit mettre : Les Iefuites n'eftant que trop portez à la mort de ceux qu'ils croiroient condamnez d'herefie, & n'ayant que trop de raifons dans leurs fauffes maximes de confcience, pour fe perfuader que la mort de ceux qu'ils appellent lanfeniftes, ne feroit pas vn meurtre. Il ne paroift donc rien en quoy les Moliniftes ne font pas plus cruels & inhumains que les Ithaciens, & plus dignes de la condamnation de l'Eglife. Il n'y a qu'vne chofe ou l'on peut dire qu'ils font femblables, & que leur paffion eft également aueugle. C'eft que les Ithaciens auoient conceu vne telle haine contre les Prifcillaniftes, & contre ceux qui n'approuuoient pas leur faux zele & leur animofité furieufe (qui eftoient les veritables Chreftiens, & les plus fidelles feruiteurs de Dieu) ; qu'ils defcrioient *comme Prifcillaniftes tous ceux qui s'adonnoient à la l'ecture dans la retraitte, ou qui s'exerçoient au ieufne, & à la penitence.* Iufques-la qu'ils eurent l'affeurance *d'accufer d'herefie S. Martin, qui menoit en ce temps-la vne vie comparable à celle des Apoftres.* Et ils excitent vne telle tempefte, & vne telle perfecution contre les plus vertueux & *les plus Saints hommes ; qu'il fembloit qu'elle les deuft accabler : parce qu'on ne iugeoit pas les heretiques par la croyance, mais par la palleur du vifage & par la modeftie des habits.* C'eft ce qu'imitent parfaitement les Moliniftes & les Iefuites ; faifant paffer pour lanfeniftes tous ceux qui témoignent efloignement de leur conduite &

Hic Ithacius ftultitiæ eó vfque procefferat, vt omnes etiã fanctos viros, quibus aut ftudiũ inerat lectionis, aut propofitum erat certare ieiunijs,tã quam Prifcillani focios, aut difcipulos cerceret. Aufus etiã miferefteó tempeftate Martino Epifcopo viro plane Apoftolis compa-

O

rtado pa-
lam obje-
ctare hære-
sis infamiā.

Seuer sulp.
hist. l. 2.

Nec du-
bium erat
quin San-

de leur violence ; fur tout s'ils fe retirent du defordre & de la contagion du monde, & s'ils paroiffent auoir plus de crainte de Dieu, & plus de foin de leur falut, que ceux qui ne font Chreftiens que de nom, & qui cachent toutes fortes d'intereft, d'injuftice & de paffions fous le manteau de la deuotion. Ce qui fait qu'on n'entend quafi plus, par le nom de Ianfeniftes, qu'vn homme ennemy de la corruption & de l'hipocrifie & trauaillant tout de bon à fon falut : n'y par les Moliniftes, que des gens capables de faire toutes chofes fans fcrupule, & de viure en affeurance dans le plus grand relafchement.

ctorum etiam maximam turbam tempeftas ifta depopulatura effet, paruo difcrimine inter hominum genera. Et enim tùm folis oculis iudicabatur, cum quis pallore potius aut vefte, quam fide Hæreticus æftimaretur. Pem. liv. 3. Diolog.

Il n'eft plus befoin de prouuer que la temerité auec laquelle le P. Ferrier condamne fes aduerfaires, eft fchimatique, aprés auoir prouué qu'elle eft heretique ; puis que la plus part des erreurs qu'elle enferme, ont ces deux defauts ; & le chifme n'eftant qu'vn diuorce & vne rupture volontaire auec les membres de l'Eglife ; il eft clair qu'on n'en fçauroit faire de plus abfoluë, qu'en rompant auec eux, comme auec des heretiques auec lefquels les vrais enfans de l'Eglife ne conferuent aucune vnion, n'y de chatité n'y de Foy, n'y de communion exterieure. Ce qui eft d'autant plus vray, que le P. Ferrier ne fe fepare pas feulement de la forte de ceux que le Pape & les Euefques reconnoiffent pour Catholiques & pour Orthodoxes, c'eft à dire des vrais membres de l'Eglife ; mais il en veut feparer tous les autres fidelles, blafmant & condamnant ceux qui les reçoiuent à la communion des Sacremens. Il veut donc rendre le fchifme vniuerfel & fans bornes & le plus grand & le plus parfait de tous les fchifmes. Car il y en a de deux fortes, dont l'vn regarde les membres particuliers de l'Eglife, & l'autre les Chefs. On fait fchifme auec les particuliers, lors qu'on rompt l'vnité & la charité fraternelle qu'on leur doit, & qu'on fe fepare d'eux volontairement ; comme nous l'apprenons de S. Paul, qui condamne de fchifme les Chreftiens de Corinthe ; parce qu'ils eftoient diuifez en des partis qui fe combatoient & fe choquoient l'vn l'autre. On fait fchifme auec les Superieurs de l'Eglife, lors qu'on refufe de leur obeïr, l'vnion qu'on doit auoir auec eux, eftant dans la foumiffion & l'obeïffance : ou lors qu'on vfurpe le pouuoir que Dieu leur a donné ; l'vn & l'autre eftant vn mefpris de leur authorité & du rang qu'ils tiennent dans l'Eglife, & vne oppofition formelle au refpect & à l'obeïffance qui leur eft deuë.

Corint. 1.

Le P. Ferrier ne fe contente pas de defchirer les membres de l'Eglife, en fe retirant de la communion des perfonnes Catholiques & irreprochables, par des raifons qui ne procedent que de fa paffion, & par fon iugement particulier : mais il condamne auffi tous ceux qui les reçoiuent dans leur communion, c'eft à dire non feulement tous les Catholiques, horfmis les Moliniftes ; mais auffi la plus part des Moliniftes

mefme ; qui n'ont pas encore porté fi loin leur haine & leur violence;
& baucoup plus le Pape & les Euefques, qui ne tiennent pas feulement
dans leur communion ceux qu'ils traittent fi cruellement, mais qui les
honorent de leur Approbation & de leur eftime, & qui font plus obligez
que les autres de condamner fa temerité & fon extrauagance. Car il
n'entreprend pas feulement de iuger les fentimens d'auttuy, contre la
parole de l'Efcriture ; mais il s'attribuë vn pouuoir que les Euefques & Rom. 14.
les Papes mefmes n'ont pas; Dieu ne leur ayant pas permis de chaffer de
l'Eglife & de fa Communion, ceux dont les crimes ne fons pas affeurez
& indubitables ; & beaucoup moins ceux qui ne font accufez que d'vne
herefie qui ne s'explique point , & qui n'a aucuns dogmes particuliers ;
l'Eglife n'en ayant marqué aucun , n'y rien de réel & depofitif que le
nom ; c'eft à dire vne herefie fans herefie , qui ne peut rendre perfonne heretique & coupable, que celuy qui en oferoit accufer quelqu'vn deuant
les Tribunaux Ecclefiaftiques, ou feculiers, ou il feroit pluftoft condamné de folie que d'herefie. Il eft donc clair que le P. Ferrier bleffe tout
ce qu'il y a de particuliers & de Superieurs dans l'Eglife ; en ruïnant la
Charité & l'authorité Ecclefiaftique d'vne maniere nouuelle & furpre-
nante, & fe rendant autheur d'vn fchifme general qui s'eftend fur toute
l'Eglife. Et comme l'auerfion qu'il a contre la doctrine de S. Auguftin,
le portant au de la de tout ce que les Moliniftes auoient ofé dire contre
elle deuant luy, l'a ietté dans vne herefie qui deftruit la doctrine de la
Foy des faints Peres & du Siege Apoftolique : ainfi la paffion qu'il a contre les difciples de ce grand Saint, luy ayant fait furpaffer celle que les
autres Moliniftes auoient cy-deuant tefmoigné contre eux, ne les ayant
pas encore ofé déclarer heretiques & excommuniez, n'y défendre leur
Communion à tous les Catholiques, l'a engagé dans cette fureur fchif-
matique, par laquelle il choque & defchire tous les membres de l'Eglife & tout le corps de IESVS-CHRIST, fans en efpargner aucune partie.

Second Point.

Que le P. Ferrier parle auec fort peu d'intelligence des figna-
tures, & de la Déclaration du Roy qu'il demande pour les
authorifer. Que tout ce qu'il en dit ruïne fon deffein, qu'il ne
s'eft iamais veu rien de femblable en France : Et qu'il y a plus
de fujet de faire des Déclarations, & d'exiger des fignatures
contre les herefies des Iefuites.

Il fuffiroit d'auoir monftré que l'herefie dont le P. Ferrier accufe fes
aduerfaires n'eft fondée que fur la fienne, & fur vne entreprife criminel-
le contre toute l'Eglife, contre le Pape, & contre les Euefques ; pour

mefprifer tout ce qu'il dit de la fignature & de la Déclaration du Roy; qui n'eftant appuyée que de cette fauffe raifon, tombe en ruïne auec elle. Mais pour luy faire voir que fes conclufions ne font pas meilleures que fes principes; & qu'il n'argumente pas moins contre luy mefme, que contre la verité & la Iuftice : il ne faut que confiderer qu'il a pour but de prouuer que la fignature de la condamnation du Liure de Ianfenius eft conforme aux loix de l'Eglife; & qu'ainfi on peut demander au Roy qu'il la confirme par vne Déclaration contre ceux qui la refuferont. Car les Rois Chreftiens n'ordonnent rien dans l'Eglife fur les matieres de Foy, qu'en fuite des ordonnances de l'Eglife; pour les authorifer par leur puiffance, & pour les faire obferuer par les peines temporelles, fi les fpirituelles ne font pas fuffifantes. Il faut donc que le P. Ferrier, pour pouuoir pretendre raifonnablement vne Déclaration du Roy contre tous ceux qui ne voudront pas figner la condamnation du Liure de Ianfenius ; produife auparauant vne ordonnance de l'Eglife, qui commande à tout le monde de figner fes decifions fur peine d'herefie : Et neantmoins il n'en produit point ; n'y en ayant aucune ny ancienne, ny nouuelle. Le Pape ne commande point de figner, &,n'a fait encore figner perfonne. On ne parle point de figner dans les Prouinces eftrangeres, ny dans toute l'Eglife. La feule Affemblée du Clergé a ordonné qu'on figneroit fon Formulaire ; mais cette ordonnance eft negligée deftous comme illegitime ; n'eftant approuée, ny par le Pape ny par les Euefques qui s'en plaignent au contraire comme d'vne nouueauté dangereufe, & de l'vfurpation d'vn pouuoir qui n'appartient point à ces fortes d'affemblées. Les Iefuites mefmes font contraints d'abandonner ce Formulaire, dont neantmoins ils font les Autheurs ; ou pour le moins de dire qu'on n'eft pas obligé de le figner ; quoy qu'il ne foit pas vray femblable que le P. Ferrir vouluft leur attribuer le pouuoir de difpenfer des loix de l'Eglife : ils reconnoiffent donc que celle la n'en eft pas vne ; & qu'ainfi il n'y a auiourd'huy aucune Loy de l'Eglife qui ordonne les fignatures qu'il pretend. Ce qui fuffit pour conclure qu'on ne peut demander au Roy vne Déclaration folemnelle pour les exiger, fur de grandes peines ; fans perdre le refpect qu'on doit à fa Majefté ; & fans abufer de fa bonté, pour le porter à vne action irreguliere, contraire à l'ordre de l'Eglife, & à l'exemple de tous les Princes Chreftiens, comme fi c'eftoit vne action de pieté & de zele veritable pour l'Eglife.

Tout ce que le P. Ferrier allegue pour prouuer que ce qu'il demande au Roy eft dans l'ordre de l'Eglife; n'eft qu'vn feul paffage de S. Leon, qui dit que ceux qui auoient efté hors l'Eglife, dans l'herefie, & dans la communion des Pelagiens, ne doiuent pas eftre receus, fans abjurer l'vne & l'autre, & fans figner leur abjuration. Cela monftre de foy mefme que fon allegation ne reuient pas à noftre fujet, S. Leon ne parle point de faire figner tout le monde, mais feulement ceux qui reuiennent à l'Eglife de la focieté des heretiques; & il ne s'agit pas au iourd'huy de ceux

qui

qui ont efté feparez de l'Eglife dans la communion des heretiques ; mais de faire figner ceux qui font demeurez toûjours dans la communion de l'Eglife Catholique, nonobftant toutes les violences de leurs ennemis, qui euffent peuteftre defiré que ne les en pouuant feparer par leurs calomnies, ils s'en feparaffent eux-mefme par leur impatience. Ce qui n'arriuera iamais, & la grace de Dieu qu'ils defendent les defendra, comme dit S. Fulgence parlant de faint Auguftin.

Si le P. Ferrier euft voulu agir auec plus de rectitude, il ne fe fuft pas ainfi éfloigné du point de la queftion ; & s'il euft eu plus de connoiffance de l'antiquité ; il n'eut pas choify ce texte de S. Leon, pour prouuer que ceux qui fe retiroient du party des heretiques eftoient obligez de figner la condamnation de l'herefie qu'ils auoient fuiuie, y en ayant quantité d'autres plus forts, & plus exprés pour confirmer cette difcipline ordinaire & perpetuelle de l'Eglife, laquelle s'obferue encore à prefent. Il euft cherché quelque autre paffage, & euft éuité celuy qui ne parle que contre ceux qui s'eftoient engagez dans la focieté des Pelagiens, & dans cette herefie qu'il appelle *fuperbe*, de peur qu'on ne creuft qu'il y auroit plus d'apparence de la luy appliquer, qu'à ceux qui font fi éloignez de cette herefie, & qui conferuent l'vnité de la paix de l'Eglife auec ceux qui les combatent, & qui font tout ce qu'ils peuuent pour la rompre auec eux.

Enfin les propres termes de la conclufion que le P. Ferrier tire de ce paffage de S. Leon, le condamnent & le refutent. Car il conclud de ce paffage que *ceux qui ont fouftenu publiquement dans vne infinité d'efcrits vne herefie manifefte*, font obligez de figner fa condamnation. Il a oüi donc que pour obliger vn homme à figner fa condamnation d'vne herefie, felon S. Leon, il faut qu'il ait fouftenu, *vne herefie manifefte*, & auffi manifefte & conneuë de toute l'Eglife, que celle des Pelagiens, dont il parle ; & non vne herefie inconnuë & cachée, qu'on n'explique point, & qu'on ne veut point expliquer, & qui ne fubfifte que dans l'Idée du P. Ferrier, & dans l'imagination des Moliniftes. Et il tefmoigne encore que ce mefme paffage ne fert de rien contre ceux qui n'ont point efcrit ; mais feulement contre ceux qui ont fouftenu dans leurs efcrits vne herefie manifefte. Et ainfi il ne prouue pas qu'on puiffe faire figner toutes fortes de gens, fans excepter les filles, & les perfonnes ignorantes qui n'ont iamais efcrit, & n'ont aucune part aux efcris des autres. De forte que le P. Ferrier fe condamne luy-mefme, & par fon propre texte, & par fon propre raifonnement, & fait voir qu'il n'en a trouué aucun dans toute l'antiquité qui authorife l'obligation des fignatures qu'il veut impofer à tous les Fidelles, comme vne marque neceffaire pour eftre Catholique ; & que cette Loy eft nouuelle & prophane, & par confequent indigne de la maifon de Dieu, qui doit eftre fainte comme luy.

Elle n'eft pas moins inconnuë à l'Eftat, où il ne s'eft encore rien veu de tel ; ie ne dis pas contre les herefies qui ne font manifeftes qu'aux feuls

P

Iefuites ; mais contre les plus affeurées, & condamnées d'vn commun confentement dans toute l'Eglife Catholique. Il ne faut que ce que le P. Ferrier produit des Regiftres du Parlement, fous François premier & Charles IX. pour le prouuer euidemment, quoy qu'il ofe dire, *que ces chofes font voir clairement qu'on ne fait rien aujourd'huy qui n'ait efté pratiqué il y a cent ans pour guarantir la France de l'herefie des Lutheriens.* Mais ie ne veux, pour le confondre, que luy reprefenter ce qu'il rapporte, & ce qu'il remarque luy-mefme dans cette hiftoire. Il dit que la Faculté de Paris *dreffa vne formule de Foy* contre l'herefie de Luther : qu'elle la fit figner aux Docteurs & Bacheliers. Que le Roy François premier fit *vn Edit par lequel il ordonna que ce Formulaire de Foy feroit publié & obferué par tout.* Que le Parlement fous Charles IX. ordonna *que tous les Officiers de la dite Cour iureroient & foufcriroient la mefme profeffion de Foy.* Voila tout ce que le P. Ferrier obferue fur ce qui s'eft paffé fous François I. & fous Charles IX. Mais dans tout cela il n'eft point parlé de fignature generale, commandée à toutes fortes de perfonnes par le Roy, ny par les Euefques, ny par le Parlement. Il n'eft point parlé de dégradation, ny de priuation de la communion de l'Eglife, contre ceux qui ne figneroient point. Il n'eft fait mention de fignature, que pour les Docteurs & Bacheliers de la faculté, & pour les Officiers du Parlement ; non auec menaffe d'excommunication, mais de priuation des droits de la faculté pour les vns, & des functions du Parlement pour les autres. Il y a grande difference entre excommunier ou dégrader vn homme, & entre l'exclure d'vne Faculté, ou d'vn Parlement. Le premier eft vne peine de mort ; & de mort de l'ame, felon le langage des Peres & des Canons, qui appellent mort la dégradation, auffi bien que l'excommunication. Et comme cette mort eft la derniere des peines que l'Eglife puiffe impofer ; elle ne la doit ordonner que conformement à l'Efcriture & aux faints Decrets, qui font ceux du faint Efprit, pour des crimes indubitables & dignes de mort ; & contre ceux qui en font legitimement conuaincus. Mais les compagnies particulieres ont pouuoir de faire des loix, & de prefcrire des conditions telles qu'il leur plaift à ceux qui en font ; & de ne les receuoir, ou retenir, qu'à ces conditions ; la reception ou l'exclufion qu'elles leur donnent, n'eftant pas vn fi grand bien, ny vn fi grand mal, qu'il requiere des caufes auffi notables, que lors qu'il s'agit de la vie ou de la mort des hommes.

De plus le Formulaire de Foy de ce temps là, ne fut pas vn nouueau Formulaire ; & il ne fut point fait auec authorité, par vne affemblée generalle du Clergé qui s'attribuaft le pouuoir fur la Foy & fur tous les Ecclefiaftiques du Royaume, fans excepter les Euefques ; Mais il fuft dreffé par la faculté de Theologie de Paris, fans aucune pretention d'Authorité fur toute l'Eglife de France, comme vn aduis & vne confultation qu'elle laiffoit à la difpofition & au iugement des Euefques, & qui ne contenoit que les anciennes decifions des faints Peres & des Conciles.

Car il ne propoſoit pas des hereſies en termes generaux, ſans marquer rien en particulier ; il ne donnoit point des faits non reuelez pour des objets de Foy, & pour des dogmes Catholiques ; il ne produiſoit pas des hereſies nouuelles, inconnuës à nos Peres, qui ne fuſſent pas condamnées par la parole de Dieu. Il exprimoit nettement, & en des Articles clairs & precis, les veritez de la Foy les plus certaines & les plus conſtantes, fondées dans la Tradition ancienne, & dans le conſentement des Conciles & de l'Egliſe vniuerſelle ; comme le ſacrifice de la Meſſe, la preſence réelle de Iesvs-Christ, dans l'Euchariſtie, l'Inuocation des Saints, la Priere pour les morts, & autres ſemblables dont on n'a iamais douté dans l'Egliſe Catholique.

De ſorte qu'au lieu de dire auec le P. Ferrier *qu'on ne fait rien auiourd'huy, qui n'ait eſté pratiqué il y a cent ans* ; il faut dire au contraire, qu'on ne fait rien auiourd'huy, qui ait eſté pratiqué il y a cent ans ; mais pluſtoſt tout le contraire. Car pour imiter ce que l'on fit il y a ns ans, il faudroit qu'on marquaſt preciſément, & en termes formels les hereſies qu'on veut faire condamner. Il faudroit que ces hereſies fuſſent determinées, non par des particuliers, mais par l'Egliſe Catholique ; & que ce ne fuſſent que des points decidez par des Conciles & par le conſentement de l'Egliſe vniuerſelle. Il faudroit que ce ne fuſſent point des faits, ny des choſes meſlées auec des faits conteſtez, dont il n'y a rien dans l'Eſcriture ny dans la Tradition des Apoſtres. Et aprés tout cela, il faudroit que le Roy ne fit aucune Déclaration pour obliger tout le monde de ſigner, ſur peine de priuation de la communion de l'Egliſe & des dignitez Eccleſiaſtiques ; mais qui ſe contentaſt qu'on veſcût dans le repos, dans la modeſtie & le ſilence, comme fit le Roy François I. qui n'euſt deſſein que d'arreſter la liberté que les eſprits ſe donnoient de parler ouuertement contre les veritez conſtantes de la Foy, & desbranſler les fondemens inuiolables de la Religion. D'où l'on peut conclure inuinciblement que cét exemple de François premier prouue tout le contraire de ce que le P. Ferrier pretend ; & monſtre que le Roy pour ſuiure l'exemple de ce grand Prince, & de ſes autres predeceſſeurs, doit refuſer la Déclaration nouuelle & extraordine que les Ieſuites ſouhaittent & ſollicitent auec tant d'empreſſement, pour pouuoir couurir du nom du Roy l'injuſtice & la foibleſſe de leur cauſe, en troublant l'Eſtat auſſi bien que l'Egliſe ; & pour perſecuter des perſonnes tres innocentes, contre leſquelles ils ne ſçauroient rien prouuer, que leur animoſité & leur calomnie.

Il ne reſte plus que la *contumace* imaginaire dont le P. Ferrier les accuſe, en diſant *qu'ils ſont dans la derniere contumace, & dans la contumace des ennemis de l'Egliſe*, repetant pluſieurs fois cette *derniere contumace*, & *implorant contre elle l'authorité du bras ſeculier*, pour les exterminer auec plus de vigueur & plus de zele, qu'on n'en à iamais veu dans l'Egliſe contre les plus horribles hereſies ; parce, dit-il, *qu'ils refuſent de ſe ſou-*

mettre aux decifions de l'Eglife, & qu'ils defchirent la reputation des Euef_
ques de France qui fe font oppofez à leurs mauuais déffeins. Voila les termes doux & charitables que le P. Ferrier a promis, qui ne peuuent feruir qu'à faire voir que fa Foy n'eft pas plus grande, que fa douceur; &
qu'il eft plus capable de pratiquer la contumace, que de la connoiftre
& la definir. Il n'y a point de contumace fans defobeïffance, & il n'y a
point de defobeïffance, ou il y a foumiffion & refpect. Il eft faux que les
Theologiens dont le P. Ferrier parle, refufent de fe foumettre aux Decifions de l'Eglife. Il eft faux qu'ils fouftiennent la doctrine du Liure de Ianfenius que l'Eglife a condamnée, comme il dit. Ils ne fouftiennent pas la
doctrine du Liure de Ianfenius, que l'Eglife a condamnée : mais la doctrine du Liure de Ianfenius, qu'elle n'a pas condamnée. Car il y en a
deux, felon le P. Ferrier ; puis qu'il appelle doctrine de Ianfenius celle
que l'Eglife a condamnée, & celle que ces Theologiens fouftiennent;
quoy que ce foient deux doctrines tres differentes, qui n'ont rien de
commun que le nom qu'on leur donne ; & fur lefquelles ils ne font aucune difficulté, que celle qui regarde ce nom. Ils approuuent entierement la condamnation de la doctrine que le Pape a déclaré impie & h e-
retique, horfmis qu'ils ne l'appellent pas doctrine de Ianfenius : & le
Pape a approuué par fon dernier Bref la doctrine qu'ils tiennent fur la
matiere des cinq Propofitions, horfmis qu'il ne l'a pas nommée doctrine de Ianfenius. Il n'y a donc entre eux autre difference, que celle du
nom ; & par confequent il n'y a point de desvnion ; de defobeïffance, ny
de contumace ; mais il y a vnion, foumiffion, & obeïffance. Car le Pape
ne commande de condamner que la doctrine qu'il appelle de Ianfenius ;
& ils le font. Il n'ordonne rien contre ceux qui la condamnent, fans l'appeler doctrine de Ianfenius : parce que cela ne regarde qu'vn fait, qui
n'a rien de commun auec la Foy ; & par confequent ils ne luy defobeïffent
pas fur ce point. Il fçait bien que l'Eglife ne commande iamais de croire
ces chofes de fait qui ne regardent point la Foy, ny la charité, & n'empefchent pas l'vnion & la bonne intelligence des meilleurs amis, qui ont
fouuent des opinions differentes fur de tels fujets de peu d'importance,
fans diminution de l'amitié & de la charité parfaitte. Dans l'eftat de cette vie, l'Eglife ne demande que l'amour & la concorde de fes enfans ; qui
confifte dans la mefme Foy, & dans la mefme charité ; & l'obeïffance
qu'elle exige d'eux touchant les faits qu'elle decide, n'eft que la modeftie & la paix, & non la creance. Elle ne leur commande de croire que
ce qu'elle a appris de IESVS-CHRIST, qui eft l'autheur de la Foy, felon
l'Efcriture ; leur annonçant fa parole, & non la fienne propre ; leur laif-
fant pour les autres chofes la liberté des fentimens qui leur a donné z;
pourueu qu'ils ne perdent pas le refpect qu'ils doiuent à leur Mere, & ne
troublent point la tranquilité de la maifon de Dieu, & l'vnion de fes enfans. C'eft toute la foumiffion & l'obeïffance qu'elle leur demande touchant ces faits, & autres chofes femblables qui ne regardent pas la Foy
&

& la parole de Dieu, & d'où ne depend point le salut eternel, qui eſt
tout le fruit qu'elle pretend , & le but vnique de ſa conduite : & ceux
qui ſont dans cette diſpoſition , luy rendent tout l'honneur & tout le deuoir qu'elle pretend , & ne peuuent eſtre accuſez de contumace ou de
deſobeiſſance ; que par l'ignorance, ou par l'iniuſtice. Que ſi elle a auiourd'huy quelque ſujet de ſe plaindre, comme elle en a ſans doute ; ce
n'eſt que ces Ieſuites , qui ne pouuans ſe tenir en repos , & ſe fians dans
les intelligences qu'ils ont à la Cour, ont déclaré vne guerre iniuſte &
opiniaſtre a des perſonnes qui connoiſſent mieux qu'eux l'Eſprit de l'E-
gliſe ; & les accuſans d'hereſies ſur le fait de Ianſenius, les contraignent
d'expliquer publiquement leurs ſentimens ſur ce fait pour deffendre leur
Foy ; & deſcouurir à tout le monde le faux pretexte que ces Religieux
Moliniſtes prennent de les deſcrier comme heretiques ; afin d'auoir lieu
d'irriter contre eux les puiſſances de la terre, pour les perſecuter & les
perdre. Sans cela ils n'euſſent iamais marqué publiquement ce qu'ils
approuuent dans les Conſtitutions des Papes, & ce qu'ils n'y peuuent
approuuer en conſcience. Et ils ne le feroient pas encore, ſi les Ieſutes
les laiſſoient en repos, & ne les forçoient point de parler & de ſe defendre, contre le deſir qu'ils ont de ſe taire. En ſorte qu'on peut dire auec
verité que la paix de l'Egliſe n'eſt empeſchée que par la ſeule animoſité
des Ieſuites.

Mais le P. Ferrier leur reproche la maniere dont ils ſe ſont defendus ,
& il en fait la ſeconde preuue *de la derniere contumace* , qui leur attribuë.
Il les accuſe d'auoir deſchiré la reputation des Eueſques qui ſe ſont oppoſez à leurs deſſeins, & de les auoir traittez d'ignorans , de fourbes, de tyrans , & de voleurs. Mais il ſe fuſt bien paſſé de ces impoſtures, qui ne
luy ſeruent de rien, & ne font que rendre ſon Idée plus difforme & plus
hideuſe. Et il y a beaucoup de raiſon d'admirer le iugement de Dieu ſur
luy, & l'aueuglement auec lequel il prouue qu'ils deshonorent les Eueſques ; *qu'ils attaquent ouuertement l'Egliſe*, & qu'ils ſont dans la *derniere
contumace* ; en leur impoſant à crime & à contumace les paroles des Peres , des Conciles , & des Papes, & particulierement celles de S. Gre-
goire le grand. Car ils n'ont fait que traduire ce que les Peres ont dit ,
afin d'exprimer les deſordres de noſtre ſiecle, par les meſmes termes dont
ces Peres ſe ſont ſeruis pour repreſenter ceux de leur temps ; en diſant
que l'Egliſe *eſtoit gaſtée & corrompuë depuis la plante des pieds iuſques à
la teſte & qu'elle reſſembloit a vn viel Nauire tout briſé & tout pourry y
faiſant eau de toute parts*. C'eſt ainſi que le P. Ferrier teſmoigne l'intelligence qu'il a de l'antiquité & de l'eſprit de l'Egliſe, en prenant les paroles des Peres & des Conciles, pour des inuectiues criminelles; les veritez anciennes & ſolides, pour des excez inſuportables ; & les ſaints &
les Papes pour des ennemis de l'Egliſe. Il ne faut pas s'eſtonner ſi la connoiſſant ſi bien, il en parle en eſtranger ; ne ſçachant pas diſcerner ſes ennemis d'auec ſes Chefs , ny d'auec ſes enfans; & traittant en heretiques ,

In Eccle-
ſia, vt pro-
pheta mul-
to ante pro-
pheterauerat
à planta
pedis vſque
ad verti-
cem non
erat nec eſt
deſiderabi-

Q

lis fanitas. non feulement les Catholiques particuliers , mais auffi les Saints & les
Con. Mel- Papes, & faifant paffer pour herefies & abominations les fentimens & le
den in pra- l'angage qu'ils ont tenu , pour marquer la Foy & l'ardeur de la charité
fu. fub Ca- qu'ils auoient pour l'Eglife.
rol. cal. S.
Bern. in vi. S. Malach. &c. Vetuftam nauim vehementerque confractam indignus ego in-
firmufque fufcepi , vndique enim fluctus intrant , & quotidiana à valida tempeftate quaffata ,
putridæ nauffragium tabulæ fonant. S. Greg. L. Epift. 4. 7.

Cela peut eftre pris pour vne ignorance groffiere , quoy qu'elle ne
foit point pardonnable à vn Iefuite , qui fait le Cenfeur public des
Theologiens Catholiques , & qui a le front de les declarer Heretiques , & dans la derniere contumace des Heretiques ; parce qu'ils font
fidelles difciples des Peres & des Papes. Mais c'eft vne malice inexcufable de les accufer *de traitter les Euefques de Voleurs , de Fourbes , de
Tyrans* , marquant ces mots en lettres Italiques , pour faire croire que
ce font leurs propres termes ; quoy que ce ne foient que des fauffetez
& impoftures du P. Ferrier , n'y ayant rien de tel dans les endroits
qu'il cite. On y a feulement cité en Latin le paffage de faint Paul.
Neque maledici , neque rapaces regnum Dei poffidebunt , fans le traduire ,
& auec deffein de fe feruir feulement de la premiere partie , & non
de l'autre , qui n'en a peu eftre feparée , pour marquer le tort qu'on
faifoit dans la conclufion de l'Affemblée des quinze Prelats à des
Theologiens tres innocens , en condamnant d'herefie leur Declaration ,
& tout enfemble Monfieur l'Euefque de Comenge qui l'auoit prefentée au Roy comme Catholique , & fuffifante pour diffiper les foup-
çons qu'on auoit eus contre eux par la malice des Iefuites.
Mais quand ces Efcriuains feroient encor plus blafmables que le
P. Ferrier ne pretend ; il ne luy feroit pas permis de les reprendre ,
qu'en gardant les regles de l'Euangile : *Hypocrita eijce primùm trabem
de oculo tuo : & qui fine peccato eft , primus in illam lapidem mittat.*
Quelques paroles fortes qui leur foient efchapées ; ils n'ont pas encore appellé leurs aduerfaires *Heretiques* , comme il fait dans toute fon
Idée & ailleurs. Ils ne les ont point retranchez de la Communion
de l'Eglife. Ils n'ont pas dit qu'ils ne doiuent pas eftre receus , & qu'il
ne faut pas leur adminiftrer les Sacremens , comme eftant *dans la derniere contumace des Heretiques.* Ils n'ont pas exhorté les Roys à faire
contre eux des Declarations , qui n'ont iamais efté faites contre les
plus affeurez & les plus infames heretiques , pour les pourfuiure à feu
& à fang , & les exterminer de la focieté des hommes. Tous les crimes font enfermez dans l'herefie ; & fi les Peres ont dit que le Schifme eft plus deteftable que l'Idolatrie ; il faut que le crime d'vn heretique qui enferme le Schifme , foit encor plus enorme. D'où il s'enfuit qu'il n'y a ny iniures , ny aigreurs ny outrages qui ne foient moindres que ceux dont les Efcrits du P. Ferrier font remplis ; & il eft impoffible d'en trouuer de plus horribles , fi cela feroit vray quand il ne

seroit que les traitter d'heretiques ; combien l'est il dauantage, lors qu'il adiouste la cruauté au Sacrilege ; appelant à son secours le bras seculier, & la Puissance temporelle, pour acheuer l'effusion du sang spirituel, qui est respandu par le Schisme selon les Peres.

Cet emportement seroit assez estrange, quand il ne tomberoit que sur des particuliers : Mais il s'estend iusques aux Euesques qui tiennent pour tres-Catholiques & estiment la vertu & le merite de ceux qu'il traitte si indignement ; & contre le Pape, qui les a iugez orthodoxes & dignes de son approbation. Car ceux qui reçoiuent les Heretiques dans leur communion, qui les estiment Catholiques, & qui approuuent leurs sentimens, sont coupables du mesme crime qu'eux, & suiets aux mesmes peines selon les Canons, & selon l'vsage de toute l'Eglise. Le P. Ferrier met donc au nombre des Heretiques asseurez & qui meritent d'estre liurez au bras seculier, non seulement tant d'Euesques venerables par leur charactere, & par leur merite, & ceux mesmes qui fauorisent les Iesuites ; mais aussi le Pape Alexandre VII. puis qu'ils ont approuué la doctrine, & reconneu l'innocence de ceux qu'il outrage d'vne maniere si effroyable.

Cela fait voir qu'il n'y a point d'escrits contre les Papes & contre les Euesques, dont la violence & la fureur ne soit au dessous de la sienne ; soit qu'elle vienne de son esprit, qui n'auoit point paru de cette humeur ; ou que ceux de son Ordre luy ayent communiqué celle qui leur est comme naturelle, & qu'ils ont tesmoignée en toutes sortes de rencontres, où l'on a veu qu'ils ne sçauent pas seulement faire des heresies, mais aussi les defendre en heretiques, c'est à dire auec audace & insolence contre tous ceux qui les condamnent. Ils en ont donné deux notables preuues depuis quelques années ; lors qu'ils ont soustenú auec vne hardiesse incroyable les heresies des Iesuites d'Angleterre contre la Hierarchie de l'Eglise, apres qu'elles eurent esté condamnées par les Euesques de France, & par la Faculté de Paris : Et lors qu'ils ont defendu en la mesme maniere la doctrine abominable de leurs Casuites. Les heresies des Iesuites Anglois ont esté si visiblement conuaincuës, & les iniures & insolences contre les Euesques & contre la Faculté de Paris, auec lesquelles ils ont creu se pouuoir iustifier, ont paru si honteuses & si brutales, qu'ils ont esté contraints de les desauoüer publiquement, en declarant qu'ils n'en sçauoient point les Autheurs, & qu'ils n'estoient point de leur Compagnie. Mais ils ont esté descouuers peu apres par le Iesuite Alegambe, qui les a mis dans le Catalogue des Auteurs de la Société, sous les noms des mesmes Iesuites à qui on les auoit attribuez ; croyant que cela pourroit contribuer à la gloire & au triomphe du premier siecle de la Compagnie, à laquelle il a destiné son Liure auec l'approbation des Superieurs & des principaux de l'Ordre, en faisant voir d'vn costé la modestie des Iesuites d'Angleterre ; & de l'autre la bonne foy de ceux de France, & com-

me l'inflexibilité de la Compagnie ne se rend iamais, & ne se soumet
point aux Censures de l'Eglise les plus claires & les plus iustes contre
ses excez les plus insoutenables.

Ils n'ont pas peu dissimuler la méchante doctrine de leurs Casuistes;
parce qu'elle auoit esté extraitte mot-à-mot de leurs Liures qui sont
publics; mais ils ont eu le front de la soûtenir par vne Apologie, qu'ils
ont debitée eux-mesmes dans Paris, & que les Euesques & le Pape ont
condamnée, & par d'autres Escrits semblables, où ils ont traitté indignement les Prelats de l'Eglise; & l'on croit que le P. Ferrier y a eu
bonne part, & principalement à l'Escrit contre les cinq Euesques, pour
la defence de la probabilité, qui est comme l'abbregé de tous les excez
des Casuistes de ce siecle. On auoit veu auparauant la censure de l'assemblée de Mante contre les Liures des Peres Rauny, Rabardeau, &
Cellot, qui ont esté aussi condamnez par le saint Siege, sans parler
de ceux de Poza, Becan & autres estrangers, dont les heresies sont assez
conneuës. Quand il n'y auroit que celle qui sert de fondement à tous
leurs Casuistes. Qu'il ne faut pas s'adresser aux anciens Peres pour apprendre la doctrine des mœurs, *mais aux Autheurs noueaux*, laquelle
se voit dans le Pere Celot & ailleurs; elle suffiroit pour faire connoî-
tre la corruption generale de leur doctrine; puisque c'est renoncer ouuertement à la parole de Dieu, & declarer qu'elle ne doit point estre la
reigle des mœurs des Chrestiens; mais qu'elles doiuent estre reglées par
les opinions nouuelles des hommes. Car il est constant parmy les Catholiques & c'est vn des fondemens de la Foy contre les Heretiques de
ce temps, que la parole de Dieu est contenuë dans la Tradition ancienne
des saints Peres aussi bien que dans l'Escriture sainte. Reietter donc
les Anciens dans la doctrine des mœurs, & leur preferer les noueaux
Casuistes; c'est renoncer à la parole de Dieu, & pretendre que celle des
hommes est plus propre pour conduire la vie & les mœurs des Chrestiens.
C'est pourquoy il ne faut pas s'estonner si on a veu sortir d'vne source si
pernicieuse tant de maximes horribles & detestables, pour appuyer les
meurtres, les vols, les sacrileges, les mensonges, l'vsure, l'ambition,
la débauche, le libertinage, l'impieté, l'irreligion & tant d'autres maximes épouuentables qui tendent à ruïner l'Eglise, les Republiques, &
toute la societé humaine, & à rendre les Chrestiens pires que les Payens
& les Sauuages. C'est contre ces abominations qu'il faudroit s'efleuer,
si on auoit vn zele veritable, & qu'on ne consideraft que l'honneur de
Dieu & le bien de l'Eglise. C'est contre ces maximes pernicieuses qu'il
faudroit faire des Formulaires, exiger des Signatures, publier des me-
naces d'Excommunication & de degradation, & non contre des questions qui ne regardent point la Foy, & qui ne sont de nulle importance
pour l'Eglise, ny pour l'Estat. Et neantmoins il ne s'en parle point, &
personne ne se met en peine de demander aux Iesuites vn simple desaueu,
& vne condamnation de tant d'erreurs & d'heresies insuportables qu'ils
n'ont

n'ont iamais defauoüées, & qu'ils ne defauoüeront iamais, s'ils n'y font forcez par quelque voye extraordinaire; ou pour le moins de les faire foufcrire aux condamnations que les Papes & les Euefques ont prononcées contre les Liures qui les enfeignent; ny de demander au Roy des Declarations pour contraindre tout le monde à figner la condamnation de ces Liures pernicieux, fur les mefmes peines qu'on veut qu'il ordonne contre des Theologiens, dont la doctrine eft reconneüe orthodoxe par le Pape, & par les Euefques.

La feule Idée du P. Ferrier enferme plus d'herefies, & de plus dangereufes confequences que celles des cinq Propofitions, puis qu'il ne fçauroit feulement accufer fes aduerfaires d'herefie, fans herefie formelle; ny les declarer heretiques, comme il fait continuellement, fans s'engager dans toutes celles qu'on luy a marquées, qui vont à la ruine de l'Eglife, de la Foy, de la Religion & de la parole de Dieu qui en eft la pierre fondamentale. Mais il ne faut point s'eftonner fi les Iefuites eftants les Auteurs de toute cette Tragedie, & n'ayant deuant les yeux que le faux honneur & la fauffe reputation de toute leur Compagnie, pour laquelle ils ont vne emulation incroyable, & plus ardente que celle que les Iuifs auoient pour leur Sinagogue contre les Chreftiens, ils n'ont garde d'eftre touchez de ce qu'ils font contre l'Eglife & contre fa doctrine, en corrompant pour leurs interefts toutes les maximes de la pieté & de la vie Chreftienne, ils ont plus de zele contre ceux qui diminuënt d'vn feul degré la gloire de leur Societé, en defcouurant fes erreurs, comme fait le Liure de Ianfenius; que contre les plus impies heretiques, & ils reffentent plus viuement vne feule verité qui leur eft contraire, que le renuerfement de tout le Chriftianifme, auquel ils ne s'oppoferoient pas auec tant de chaleur, qu'à ceux qui ne veulent pas approuuer la paffion qu'ils ont contre le Liure de Ianfenius. Mais il faut efperer que Dieu leur fera enfin mifericorde, en couurant leur face d'ignominie, afin qu'ils cherchent l'honneur de fon Nom, & reconnoiffent leur efgarement; ou qu'ils feruent d'exemple aux autres pour le reconnoiftre. Il faut efperer que le Roy & les Euefques, au lieu de fe mettre en peine de fçauoir ce que contient le Liure de Ianfenius, & fi la queftion qui regarde ce Liure eft de fait ou de droit, ce qui eft auffi inutile pour l'Eftat que pour l'Eglife; fe croiront beaucoup plus obligez d'arrefter le cours du dereglement de la Theologie des Iefuites, & fur tout de leur Morale, qui empire tous les iours, & deuient plus licencieufe par l'impunité & par la tolerance; & qu'ils la leur feront condamner à eux-mefmes clairement & diftinctement par des Declarations & des Signatures folemnelles: depeur qu'elle ne fe repande, comme vn deluge fur toutes les parties de l'Eglife & de l'Eftat, & ne les reduife à vn defordre, & à vn chaos pire que celuy des Poëtes, par l'aneantiffement de tous les deuoirs generaux & particuliers, & de toutes les Loix diuines & humaines.

R

www.ingramcontent.com/pod-product-compliance
Lightning Source LLC
LaVergne TN
LVHW021005090426
835512LV00009B/2083